SOMMAIRES DE LEÇONS DE MORALE A L'ÉCOLE PRIMAIRE

PAR

J. CURÉ
INSPECTEUR DE L'ENSEIGNEMENT PRIMAIRE, OFFICIER D'ACADÉMIE

ET

F. HOUZELLE
INSTITUTEUR

COURS MOYEN ET SUPÉRIEUR

PARIS
LIBRAIRIE CLASSIQUE EUGÈNE BELIN
BELIN FRÈRES
RUE DE VAUGIRARD, 52

1894

SAINT-CLOUD. — IMPRIMERIE BELIN FRÈRES.

PRÉFACE

L'enseignement de la morale, dit-on, ne progresse que très lentement dans nos écoles élémentaires. Est-ce à dire que les instituteurs s'y montrent indifférents ou le négligent? — Non; ce serait méconnaître leurs efforts que de leur attribuer ce peu de résultats acquis jusqu'à ce jour.

Témoins des difficultés qu'ils rencontrent à chaque pas, nous avons voulu leur venir en aide en publiant ce modeste ouvrage.

Nous nous sommes inspirés, dans le plan et la suite des leçons, des programmes officiels, des différentes circulaires relatives à cet enseignement, des directions données par l'Inspection générale en 1893, et des meilleurs auteurs, à notre connaissance, auxquels nous avons fait quelques emprunts que nous avons eu soin d'indiquer.

Les *Sommaires de leçons de morale* s'adressent à la fois au maître et à l'élève. Trois leçons seulement par semaine permettront à l'instituteur qui se servira de ce livre de faire, pendant l'année scolaire, un cours de morale aussi complet qu'on puisse le demander à l'école primaire. Il est bien entendu que nous ne lui offrons qu'un guide; qu'il devra toujours payer de sa personne, ou plutôt de sa parole, et faire intervenir sans cesse les enfants, s'il veut que son enseignement soit réellement profitable.

L'élève trouvera dans ces *Sommaires* la substance et, pour ainsi dire, le résumé de la leçon. Il y puisera aussi, outre la connaissance du devoir et de ses obligations, les éléments nécessaires pour réussir à l'épreuve si redoutée de la composition française, soit aux examens du certificat d'études et du certificat d'aptitude aux bourses de l'enseignement primaire supérieur, soit même à celui du brevet élémentaire.

Le premier chapitre comprend des principes généraux de morale, ne dépassant pas la portée de l'intelligence d'enfants de neuf à dix ans. Chacune des leçons est accompagnée de récits ou d'indications de lectures qu'il conviendrait de faire comme exemples de vertus à pratiquer ou de défauts à éviter ou à corriger. D'ailleurs, ces leçons ont été faites en classe et l'expérience a donné les résultats espérés.

Viennent ensuite, en divers chapitres, les devoirs de l'enfant dans la famille, à l'école, dans la rue; puis les devoirs généraux de justice et de charité dans la société; enfin les devoirs particuliers de l'homme envers lui-même, envers ses semblables, envers les animaux, envers la patrie et envers Dieu.

De nombreux tableaux :

1° Montrent la corrélation des droits et des devoirs de l'enfant dans la famille et à l'école, de l'homme dans la société, du citoyen dans la patrie;

2° Etablissent des parallèles entre les différents types d'hommes : le travailleur et le paresseux, l'économe et le prodigue, etc.

Enfin des tableaux synoptiques, facilitant la compréhension et aidant à la mémoire, résument les différents devoirs.

Nous serons heureux si nous avons pu contribuer, pour une faible part, à rendre la tâche moins pénible aux maîtres et maîtresses, et à faire de nos écoliers des enfants bons et vertueux qui deviendront plus tard des hommes honnêtes, connaissant leurs devoirs et ayant le courage de les remplir.

SOMMAIRES DE LEÇONS DE MORALE

CHAPITRE PREMIER

PRINCIPES GÉNÉRAUX DE MORALE

PREMIÈRE LEÇON

BUT DE LA MORALE

La morale est la science des bonnes mœurs. C'est l'ensemble des règles qui doivent diriger l'activité libre de l'homme.

Le but de la morale est de nous apprendre à connaître nos devoirs et de nous engager à les remplir.

Les inclinations naturelles vers le bien, la conscience elle-même ont besoin d'être éclairées, fortifiées et dirigées.

Or, cette culture de l'âme, cette direction de la volonté et du cœur, forme l'objet de la morale, qui nous guide dans la voie du bien et de la vertu.

L'enseignement de la morale constitue l'éducation de la conscience : il lui est d'un puissant secours pour atteindre à la vive et nette perception du devoir. De plus, il guide l'homme et lui procure l'énergie suffisante pour l'accomplir.

Vaut-il mieux laisser pousser les plantes au hasard,

en plein champ, que de les transporter en un terrain sarclé, arrosé et cultivé?

Le fruit de l'arbre sauvage vaut-il celui de l'arbre greffé et taillé?

Les enfants demandent aussi une surveillance étroite et des soins continus pour devenir véritablement bons et honnêtes.

DEUXIÈME LEÇON

LA CONSCIENCE

« Le tigre déchire sa proie et dort; l'homme tue et veille. »

De tous les êtres de la nature, l'homme est le seul qui ait la faculté de se diriger lui-même; seul, il est libre. Mais s'il se conduit comme il lui plaît, il trouve aussi et toujours en lui un *juge*, qui le récompense quand il fait le bien et qui le blâme lorsqu'il agit mal. Ce juge, c'est la *conscience*.

« La conscience morale est l'acte de l'esprit qui, avant l'action, dicte *ce qu'il faut faire* et, après l'action, juge *ce qui a été fait*.

» Elle peut s'appliquer : 1° à nos propres actions; 2° aux actions des autres hommes[1]. »

La conscience, qui ne peut exister qu'avec la liberté, est cette faculté que nous possédons tous de concevoir le bien et de le distinguer du mal.

La conscience est innée chez tous les hommes. C'est la voix qui nous parle, à tout moment, au plus

1. Janet.

profond de nous-mêmes, et qui nous dit : « Il y a en » ce monde un bien qu'il faut faire et un mal dont » il faut se garder. »

Elle nous oblige à la recherche du devoir pour l'accomplir.

Elle nous parle toujours, lors même que nous ne voudrions pas l'entendre et que nous chercherions à l'étouffer.

Elle commande uniformément à tous les hommes, par conséquent elle a droit au respect de chacun.

La conscience peut s'émousser par l'habitude du mal, mais rien ne l'étouffe entièrement.

La plus douce récompense, la seule réelle, de l'homme de bien est l'approbation de sa conscience, c'est-à-dire la *satisfaction morale*.

La satisfaction morale est ce sentiment intime, cette quiétude, ce contentement que nous éprouvons quand nous avons fait le bien.

La plus cruelle torture du criminel est le *remords*, qui lui rappelle continuellement son crime.

Le *repentir* est la résolution de faire mieux : il adoucit le remords.

EXEMPLES

Vous avez été paresseux et vous vous rendez en classe sans avoir fait votre devoir, qui vous reproche d'abord votre faute? — La conscience.

Vous avez partagé votre goûter avec un camarade pauvre, qui vous dit que vous avez bien fait? — La conscience.

Lire : V. Hugo, *Légendes des siècles*, Caïn, le meurtrier d'Abel.
« L'œil était sous la tombe et regardait Caïn ! »
(Lebaigue, *le Livre de l'école*, cours supérieur, page 231.)

Shakespeare, *Richard III*, acte V, scène III. (Les ombres parlant à Richard.)

Le « Portefeuille. » (Ch. Lebaigue, *le Livre de l'école*, cours supérieur, page 17.)

TROISIÈME LEÇON

L'INSTRUCTION DÉVELOPPE LA CONSCIENCE ET CONTRIBUE A L'ÉDUCATION

« L'éducation est l'action d'élever, de former un enfant, un jeune homme. » (LITTRÉ.)

L'instruction est relative à l'esprit et se dit des connaissances que l'on acquiert et par lesquelles on devient habile et savant. L'éducation est relative au cœur et se dit surtout des directions morales que l'on donne aux sentiments.

Toutes les consciences ne sont pas aussi délicates et subtiles l'une que l'autre : il y a des consciences obscures et faibles. De là la nécessité de cultiver la conscience par les exemples et les leçons de morale, par l'étude en général.

Plus un homme est instruit, plus il a le sens moral développé, et plus il distingue nettement le bien du mal.

Au fur et à mesure que nous nous instruisons, notre conscience et notre raison s'éclairent, et, avec elles, s'agrandit notre responsabilité. « L'instruction nous met en état de mieux voir, de mieux juger. » (MARION.)

On ne peut demander à un ignorant tout ce qu'on est en droit d'exiger d'un homme instruit.

Nos devoirs augmentent en même temps que notre conscience est mieux éclairée.

EXEMPLE

Nul ne contestera que l'obligation de voter — et de voter selon sa conscience — est plus étroite pour le citoyen instruit, capable de prévoir les conséquences de son acte, que pour l'ignorant, qui jouit de son droit de suffrage sans en connaître l'importance.

QUATRIÈME LEÇON

L'AME ET LA VOLONTÉ HUMAINES

L'homme, dans l'univers, est une créature à part, non entièrement soumise, comme les autres êtres, aux lois de la fatalité. L'instinct domine chez l'animal; la volonté, chez l'homme.

La volonté est cette puissance intérieure par laquelle nous nous déterminons à faire un acte ou à ne pas le faire. C'est par la volonté que nous sentons quelque chose en nous qui dit *Moi* et qui nous fait agir selon notre gré.

Nous avons en nous une force cachée, un être invisible et impalpable et qui met en mouvement notre corps; cette force, cet être, c'est l'âme.

L'homme seul a la *spontanéité* de ses actes; seul il peut disposer de son être : il agit librement et spontanément, tandis que les autres créatures n'agissent que par instinct. La volonté humaine fait la force, le mérite et l'honneur de l'homme.

EXEMPLES

« Que ferez-vous ce soir, en sortant de l'école?

— J'étudierai mes leçons, puis j'irai jouer avec mes petits camarades.

— Est-ce une loi contre laquelle vous êtes impuissant qui vous oblige à agir ainsi?... — Non. C'est le *moi* qui s'affirme en vous; c'est votre volonté seule qui vous fait agir. »

*
* *

Vous laissez échapper votre livre; il tombe à terre. Ce fait est-il le résultat de sa volonté?... — Certes, non; il ne fait qu'obéir à une loi à laquelle il ne saurait se soustraire.

Lire : « Vouloir, c'est pouvoir », Lamartine. (LEBAIGUE, *le Livre de l'école*, cours supérieur, page 106.)

CINQUIÈME LEÇON

LA LIBERTÉ

Je crois à la liberté, parce que je crois au devoir.

« La *liberté* est le vouloir véritable éclairé par la raison[1]. »

Différents sens du mot liberté :

1° Liberté *physique* ou *corporelle;*
2° Liberté *civile* ou *politique;*
3° Liberté *morale.*

Jouir de sa liberté *physique,* c'est agir sans obstacle et sans contrainte. Cette sorte de liberté est commune à l'homme et à l'animal.

La liberté *civile* ou *politique* est la liberté de l'homme dans la société et du citoyen dans l'Etat.

La liberté *morale* ou *libre arbitre* est le pouvoir que nous avons de choisir librement entre le bien et

1. Marion.

le mal. Nous croyons en ce pouvoir, parce que cette foi nous est absolument nécessaire pour conformer notre conduite au bien tel que nous le concevons.

La volonté humaine est libre. Nous sommes libres d'agir selon notre volonté en ce que nous croyons être le bien ou le mal.

Première objection à la liberté. — Le tempérament diffère d'un individu à l'autre, et le caractère se ressent inévitablement de cette diversité. Le tempérament influe sur la liberté ; il diminue au moins, s'il ne le détruit, le pouvoir de la volonté de chacun. — C'est vrai ; mais nous avons toujours la liberté de *résister* à nos mauvaises inclinations, de *mettre un frein* au développement de nos passions. Témoin Turenne, qui tremblait dès que le canon commençait à tonner, et qui savait vaincre son corps défaillant.

Deuxième objection à la liberté. — Notre vie n'est qu'un ensemble d'habitudes ; or, l'habitude semble être opposée à la liberté. L'homme qui a contracté des habitudes n'a plus une indépendance absolue. — C'est encore vrai ; mais il était libre de prendre ces habitudes ou d'en prendre d'autres. En outre, elles ne suffisent pas à rendre impossible notre liberté. Ne voit-on pas des hommes renoncer au vin, après en avoir usé largement (Cambronne, Charles XII) ? — des fumeurs abandonner le tabac ?

On peut nous priver de notre liberté physique et de notre liberté civile, mais personne ne peut nous enlever notre liberté morale. Témoin le prisonnier : s'il ne peut aller et venir comme il l'entend, il peut s'irriter contre son sort ou s'y résigner. Son activité physique est empêchée, mais son activité intellectuelle et morale lui reste : il conserve sa liberté dans le choix de ses idées et de ses sentiments.

Pour obéir à la conscience, il faut être libre; car cette obéissance serait sans mérite si elle ne dépendait pas de notre volonté. On obéit tout en reconnaissant qu'on peut ne pas obéir.

EXEMPLES

Ces ouvriers que vous avez vus ce matin entrer au cabaret, étaient-ils libres d'y aller ou de se rendre à leur atelier?

*
* *

Quand, hier, vous faisiez votre devoir, des camarades sont venus vous inviter à partager leurs jeux. Tout d'abord vous avez hésité; mais, en écolier laborieux, vous avez résisté à l'attrait du plaisir pour terminer votre travail?

Etiez-vous libre d'agir ainsi ou autrement?

Lire : « Le Serment de Cambronne. — Un buveur corrigé. »
(BRUNO, *les Enfants de Marcel*, page 177.)

SIXIÈME LEÇON

LA RESPONSABILITÉ

Je suis libre et par conséquent responsable de mes actes.

Être *responsable de ses actes,* c'est en répondre, c'est-à-dire en rendre compte.

Pour que la responsabilité soit entière, il faut avoir :

1° La *notion d'une règle;*
2° La *raison* (savoir ce que l'on va faire);

3° La *conscience morale* (savoir, après réflexion, discerner la valeur morale de ce que l'on va faire);
4° La *liberté d'action*.

Selon qu'il manque une ou plusieurs de ces conditions, la responsabilité diminue ou n'existe pas.

Quand nous avons conscience de nos actes et qu'après y avoir réfléchi, nous agissons librement, nous sommes *responsables*.

La responsabilité nous est parfaitement démontrée par les sanctions de la conscience : après avoir agi, nous éprouvons du plaisir si nous avons fait le bien; du remords, si nous avons fait le mal; donc nous sommes *responsables*.

La responsabilité découle à la fois du devoir et de la liberté. Là où il n'y a pas de raison ni de liberté, il ne peut y avoir de responsabilité.

N'est pas responsable, en certains cas, celui qui ne jouit pas de sa liberté physique.

Plus nous sommes instruits et plus nous sommes responsables.

L'animal n'est pas responsable, puisqu'il n'a pas conscience de ses actes et qu'il ne peut faire le contraire de ce qu'il fait, tandis que l'homme, être raisonnable et libre, doit répondre de ses actes.

EXEMPLES

Un chasseur, croyant tirer sur un lièvre, tue un homme qu'il ne voyait pas.

Un brigand tue un voyageur pour le dépouiller.

Tous deux ont fait matériellement la même action; sont-ils l'un et l'autre responsables au même degré? — Non; l'un l'a faite volontairement, librement : sa responsabilité est entière; l'autre, sans qu'il l'ait voulu : sa responsabilité est beaucoup moindre.

*
* *

Une allumette non éteinte jetée par un fumeur près d une grange y allume un incendie. Cette personne est-elle responsable au même degré que le malheureux qui, volontairement, communique le feu à une maison?

*
* *

Vous avez été paresseux en classe, et le maître vous punit. La punition est-elle méritée? — Oui; elle est juste. Votre conscience vous rappelait votre devoir de travailler à l'école; vous étiez libre de travailler; vous ne l'avez point voulu; donc vous êtes responsable et vous êtes forcé de reconnaître que la punition est méritée.

*
* *

La conscience vous fait un devoir de venir en aide à un vieillard chargé d'un fardeau pesant.

Un mauvais sujet, plus fort que vous, vous en empêche par la violence.

Etes-vous responsable? — Non; car vous n'avez pas eu votre liberté d'agir.

*
* *

Vous restez petit malgré vos douze ans; vous êtes maladif; vous mangez peu à vos repas. Etes-vous responsable de ce fait?

Non; puisque cela ne dépend point de votre volonté.

SEPTIÈME LEÇON

LA RESPONSABILITÉ (*fin*)

Le fou n'est pas responsable de ses actes, parce qu'il n'a pas sa raison et par conséquent point de liberté morale. Si on l'enferme, ce n'est pas pour le punir, mais pour éviter les malheurs que, dans sa folie, il pourrait causer.

Mais la responsabilité tout entière incombe à l'homme qui est lui-même l'auteur de la perte momentanée de sa raison et de sa liberté.

EXEMPLE

Des buveurs sont à l'auberge : l'alcool les a momentanément privés de leur raison. Survient entre eux une discussion qui dégénère en dispute, puis en bataille.

Egaré par l'ivresse et la colère, l'un d'entre eux saisit une bouteille, en frappe son adversaire et le tue.

Est-il aussi directement coupable que celui qui, de sang-froid et après y avoir réfléchi, donne la mort à un homme?

Non. Cependant sa responsabilité n'en est pas moindre.

Pourquoi?

Parce que, s'il a bu, c'est volontaire de sa part. Rien ne l'y obligeait; au contraire, le devoir lui commandait de respecter sa dignité. Il savait, en outre, que l'ivresse peut conduire au mal, et, malgré cela, il est devenu ivrogne.

Le crime commis est la conséquence de l'ivresse; c'est librement qu'il s'est enivré. Donc il y a *culpabilité*.

Ici la responsabilité est d'autant plus grande que l'homme qui s'enivre s'expose à commettre non seulement une mauvaise action, mais une série d'actes répréhensibles.

HUITIÈME LEÇON

LA LOI

Toute règle, toute prescription, s'adressant également à tous, est une loi.

Il y a trois sortes de lois :

1° Les lois *fatales;*
2° La loi *morale;*
3° Les lois *civiles* ou *d'État.*

Lois :

1° *Fatales :* manière constante et immuable dont les choses se passent dans la nature ;
2° *Morale :* ordre de la conscience que nous sommes libres d'exécuter ou d'enfreindre. C'est « l'obligation, pour tous les hommes, de faire le bien et d'éviter le mal. On l'appelle aussi le *devoir* »[1] ;
3° *Civiles* ou *d'État :* elles sont établies par nos représentants à qui nous avons donné tout exprès ce mandat.

NEUVIÈME LEÇON

1° LOIS FATALES

L'ensemble des lois *immuables* et *fatales* forme ce qu'on appelle l'ordre du monde.

EXEMPLES DE LOIS FATALES

Le soleil nous éclaire tous les jours.
Un corps abandonné à lui-même tombe.
La graine, mise en terre, donne naissance à un végétal de même nature que celui dont elle est sortie.
Un corps plus léger que l'eau flotte à la surface de ce liquide, etc.

1. Ch. Dupuy.

DIXIÈME LEÇON

II° LOI MORALE

« **Fais ce qui est bien ; ne fais pas ce qui est mal.** »

La loi morale n'est ni un simple conseil ni une contrainte, mais une *obligation*, c'est-à-dire un commandement impératif, absolu.

C'est l'obligation, pour tous les hommes, de faire le bien et d'éviter le mal.

La loi morale *oblige* mais ne *force* pas. Elle respecte en nous la liberté humaine ; elle en est le guide et le soutien.

Quand la conscience a parlé, il faut obéir : hésiter serait déjà une faute.

La loi morale est :

1° *Universelle :* elle s'adresse à tous les hommes ;

2° *Impérative :* n'admettant aucune discussion, elle ne conseille pas, elle ne raisonne point : elle ordonne d'une manière absolue ;

3° *Claire* et *immuable*, en ce sens que toujours elle oblige au bien et défend le mal.

C'est la loi morale qui est la source de tous nos devoirs. Par exemple : elle nous ordonne d'être reconnaissants à l'égard de ceux qui nous ont fait du bien. Mais nous restons libres d'être ingrats ou reconnaissants.

EXEMPLES DE LOI MORALE

Notre maître nous a dit de faire certain devoir; la loi morale nous rappellera cet ordre; mais nous restons libres de l'exécuter ou de le violer. Si nous le faisons, notre conscience nous félicitera; dans le cas contraire, elle nous blâmera.

*
* *

Un homme est en péril. La loi morale nous commande de faire tout ce qui dépend de nous pour le sauver. Mais nous restons libres. Si nous le sauvons, nous aurons la satisfaction du devoir accompli; dans le cas contraire, le remords de notre conscience.

Lire : « Le marchand de marrons. » E. Souvestre.
(Lebaigue, *le Livre de l'école*, cours moyen, page 250.)

ONZIÈME LEÇON

III° LOIS CIVILES

Respect à la loi. — « Sans respect de la loi, il n'y a que désordre, trouble et anarchie. »

La loi civile est « l'expression de la raison et de la conscience de tous les citoyens qui ont chargé leurs représentants de l'établir[1] ». C'est une règle de conduite dictée dans l'intérêt public, imposée et promulguée par celui qui a mission de gouverner.

Elle est conforme à la raison et à la justice. Elle n'est que l'application de la loi morale aux rapports de la société; de là, le droit pour elle d'être respectée.

1. L. Mabilleau.

Le législateur a établi une pénalité pour qui viole la loi civile. Par exemple : Un aveugle vous demande l'aumône. Aucune loi civile ne vous oblige à lui faire la charité et aucune pénalité ne vous sera appliquée si vous restez sourd à sa prière. Mais la loi morale vous dit : « Fais aux autres ce que tu voudrais qu'on te fît, » et elle vous ordonne de venir en aide à ce malheureux.

Si la loi civile, qui est une sorte de *minimum*, n'est pas suffisante pour l'accomplissement intégral du devoir, elle ne lui nuit pas ; au contraire, elle prépare à la loi morale, qui donne le *maximum*.

EXEMPLES DE LOIS CIVILES

La loi sur l'obligation et sur la gratuité de l'instruction primaire ;

La loi sur le service militaire ;

La loi sur les différents impôts, etc.

Lire : « Respect dû à la loi. » (Bruno, *le Tour de la France*, page 214.)

DOUZIÈME LEÇON

LA DIGNITÉ HUMAINE

Respecte en toi et dans les autres la dignité humaine.

Seul, l'homme est raisonnable, libre et responsable ; seul, il a une conscience ; seul, il est soumis à la loi morale.

Ces caractères lui donnent une *dignité* qu'il est

tenu de conserver sous peine de déchoir au rang des êtres inférieurs. La *dignité humaine* est donc le respect qu'on se doit à soi-même et aux autres.

La dignité humaine est opposée aux mauvaises passions qui l'avilissent ; elle recommande toutes les vertus contraires à ces passions.

Vertus qui protègent la dignité humaine :

1° La justice ;
2° La prudence ;
3° La tolérance ;
4° La force ou le courage ;
5° La tempérance.

EXEMPLES

L'homme qui s'enivre respecte-t-il la dignité humaine? — Non ; il cesse d'être une personne et tombe plus bas même que l'animal.

*
* *

Vous avez été distrait pendant la classe; aussi, le jour de composition venu, cherchez-vous à copier sur votre voisin. Respectez-vous la dignité humaine? — Non, encore, puisque vous essayez de tromper et votre maître et vos camarades, et vous n'avez pas le courage d'avouer votre paresse.

*
* *

Respecte-t-il la dignité humaine, celui qui ne sait respecter les opinions d'autrui? — Non, puisqu'il manque de tolérance.

TREIZIÈME LEÇON

LE DEVOIR

« **Fais ce que dois, advienne que pourra.** »

Le devoir est « une obligation que se reconnaît à lui-même un être intelligent et libre[1] ». C'est ce que l'on doit faire, ce à quoi l'on est obligé par la loi morale.

Cette obligation n'est pas une contrainte, c'est un commandement auquel nous sommes toujours libres d'obéir, et qu'aussi nous sommes toujours libres de violer, quittes après à rendre compte de notre conduite.

On *fait son devoir* quand on préfère les injonctions de la conscience et les conseils de la raison à l'attrait du plaisir ou de l'intérêt ; quand, en un mot, on fait taire l'égoïsme pour obéir à la justice et à la charité.

La notion du devoir entraîne celle de la liberté, de sorte qu'il n'y a pas de devoir sans liberté.

Le devoir s'oppose aux passions malsaines, qui diminuent et rabaissent la dignité humaine. Il est souvent contraire à l'intérêt, parce que la loi morale ordonne de faire le bien, que nous ayons avantage à le faire ou non.

Le devoir est parfois pénible à remplir : il faut résister à des passions plus ou moins fortes, à des intérêts plus ou moins puissants.

1. Marion.

Le devoir est un sacrifice, et c'est la grandeur de ce sacrifice qui fait le mérite du devoir accompli.

La réflexion vient en aide au cœur pour l'accomplissement du devoir ; mais elle doit parfois nous mettre en garde contre une sensibilité exagérée.

L'honnête homme place le *devoir avant tout* : tous ses efforts tendent à le remplir entièrement.

Quiconque recule devant le devoir, déserte son poste : *il commet une lâcheté.*

EXEMPLES

Des camarades sont punis pour vous ; mais vous ne voulez pas laisser condamner des innocents et vous vous dénoncez vous-même.

Vous avez agi selon la justice et triomphé de la crainte d'une punition : vous avez accompli votre devoir.

*
* *

Ce jeune soldat qui s'arrache aux embrassements de ceux qu'il aime, son père, sa mère, etc., qui renonce aux joies et aux repos de la maison paternelle, pour braver sur les champs de bataille les fatigues et les dangers, celui-là accomplit aussi son devoir.

Lire : « Le départ d'André et de Julien » ou « le devoir a remplir. » (BRUNO, *le Tour de la France*, page 5.)

« Régulus », Chateaubriand. (LEBAIGUE, *le Livre de l'école*, cours supérieur, page 300.)

QUATORZIÈME LEÇON

LE DÉSINTÉRESSEMENT

Agis toujours comme si les autres devaient t'imiter.

Ce n'est point respecter la dignité humaine que de ne la considérer qu'en soi. Chaque individu doit se reconnaître des obligations à l'égard de la famille, de la patrie, de l'humanité.

L'égoïste rapporte tout à lui; il ne vit que pour lui, sans s'inquiéter des autres. Qu'il ne parle point de sa dignité, il ne la comprend pas.

L'honnête homme doit rechercher le bien général avant son bien particulier, l'intérêt de tous plutôt que son intérêt propre.

EXEMPLES

Le soldat qui, sur le champ de bataille, donne sans regret sa vie pour son pays; le médecin qui se dévoue à soulager les malades, etc., voilà du désintéressement.

*
* *

Le père Jacques a besoin de deux perches pour se faire une échelle, et il va les couper dans la forêt communale.

« Je n'ai pas fait grand délit, dit-il, deux perches de plus ou de moins, cela ne se verra pas quand, dans cinq ou six ans, on exploitera la coupe. »

Cela est vrai. Mais qu'arriverait-il, si tous les habitants de la commune faisaient comme lui?

Lire : « Egoïsme et dévouement. » (BRUNO, *le Tour de la France*, page 251.)

CHAPITRE II

DEVOIRS DE L'ENFANT

1° DANS LA FAMILLE

QUINZIÈME LEÇON

LA FAMILLE

Une famille unie est une famille heureuse.

L'enfant a des devoirs à remplir :

1° Dans la *famille;*
2° A l'*école;*
3° Dans la *rue.*

La famille est la réunion :

1° Du *père* et de la *mère;*
2° Des *enfants;*
3° Des *grands-parents;*
4° Et parfois des *serviteurs.*

Les membres de la famille sont attachés les uns aux autres par la plus vive affection. Ils sont solidaires les uns des autres, et ce n'est qu'à cette condition que la famille existe réellement.

Dans la famille, l'enfant a des devoirs à remplir envers :

1° Ses *parents ;*
2° Ses *frères* et *sœurs ;*
3° Ses *grands-parents ;*
4° Les *serviteurs.*

EXEMPLE

Vous connaissez la famille Ambroise. Elle se compose du père, de la mère et de cinq enfants. Ce sont de pauvres gens. Le fruit du travail du père et de la mère suffit à peine à nourrir tout ce petit monde. Cependant, ils sont bien heureux et ils ont l'estime de tous ceux qui les connaissent.

C'est une famille bien unie. Le père ne connaît point le cabaret ; jamais la mère ne contredit les ordres donnés par Ambroise. Leurs enfants sont robustes ; ils aiment leurs parents de tout leur cœur ; ils sont fort obéissants ; leur conduite est tellement estimable que, j'en suis persuadé, vos parents vous les proposent souvent pour modèles.

Eh bien ! mes petits amis, c'est là réellement une famille, et la famille, sinon la plus fortunée, du moins la plus heureuse du village.

Lire : « L'intérieur d'une famille bien unie. » (BRUNO, *les Enfants de Marcel*, page 20.)

SEIZIÈME LEÇON

NÉCESSITÉ DE LA FAMILLE

« Abandonné à lui-même, l'enfant ne naîtrait que pour mourir. » (G. COMPAYRÉ.)

L'enfant ne peut vivre et grandir qu'avec le secours de ses parents.

Sa mère lui apprend :

A *manger;*
A *marcher;*
A *parler.*

Plus tard, l'enfant est encore incapable de se suffire à lui-même.

Ses parents :

Le *nourrissent;*
Lui *procurent les vêtements;*
Lui *enseignent à devenir un honnête homme.*

EXEMPLES

Regardez vos petits frères et vos petites sœurs; voyez leur faiblesse; que deviendraient-ils si tout à coup vos parents disparaissaient?

*
* *

A peine éclos, le petit poulet cherche sa nourriture; il pourrait déjà presque se passer de sa mère.

Les petits animaux, abandonnés à eux-mêmes dès qu'ils ont un peu grandi, ne témoignent aucune reconnaissance, aucune affection à leurs parents.

La famille existe-t-elle réellement chez les animaux?

Lire : « Le regret de la famille paternelle. » (Bruno, *le Tour de la France*, page 160.)

DIX-SEPTIÈME LEÇON

CE QU'ÉTAIT LA FAMILLE AUTREFOIS

« Autrefois il n'était pas d'usage que les parents prissent le deuil de leurs enfants morts. »

1° La famille avant le christianisme

Le père n'était pas seulement le chef de la famille, il en était le maître absolu et parfois tyrannique.

Il avait le droit de vie et de mort sur ses enfants.

Il pouvait :

Les *abandonner;*
Les *juger*, les *condamner même à mort;*
Les *vendre comme esclaves.*

2° La famille avant la Révolution

A l'avènement du christianisme, les mœurs de la famille se sont adoucies. Le pouvoir du père sur ses enfants ne fut plus celui du maître sur ses esclaves, il ressemblait plutôt à celui du seigneur sur ses vassaux.

Le père disposait de la vocation de son fils.

L'autorité paternelle était un pouvoir sans règles et despotique : la loi ne protégeait point l'enfant contre les exigences arbitraires de l'autorité paternelle.

L'ancienne famille reposait sur l'inégalité : le droit d'aînesse attribuait au fils aîné, au détriment de ses frères et sœurs, les titres et la fortune des parents. C'était une cause de jalousie et de désunion.

Vous voyez que ce n'étaient pas encore les habitudes de douceur, de tendresse qui règnent aujourd'hui dans la famille.

EXEMPLES

Mme de Maintenon ne se rappelait avoir été embrassée que deux fois par sa mère et seulement au front.

* * *

Montaigne ne sait pas au juste si c'est « deux ou trois enfants » qu'il a perdus en nourrice.

*
* *

Le père de Mirabeau fit, à plusieurs reprises, emprisonner sa femme et son fils.

Lire : « La mère de Jocelyn », Lamartine. (LEBAIGUE, *le Livre de l'école*, cours supérieur, page 299.)

DIX-HUITIÈME LEÇON

CE QU'EST LA FAMILLE AUJOURD'HUI

« Comme Dieu a donné également au père tous ses enfants, ils doivent avoir une part égale dans les caresses et dans les biens de leur père. »

La famille est aujourd'hui fondée d'après les idées de justice et d'égalité.

La Révolution française a supprimé le droit d'aînesse : tous les enfants ont un droit égal dans l'héritage de leurs parents. Ceux-ci ne peuvent déshériter entièrement leurs enfants : la loi ne leur permet de disposer que d'une partie de leurs biens.

L'enfant est soumis à l'autorité de ses parents jusqu'à sa majorité, c'est-à-dire vingt-un ans (Code civil, art. 372).

Cette autorité n'est plus absolue : le Code civil protège les enfants contre les mauvais traitements de parents dénaturés.

Dans la famille, la mère apporte la *douceur* et la *tendresse ;* le père, la *force* et le *travail;* tous deux, le *courage* et le *sentiment du devoir*.

La famille

Autrefois :	Aujourd'hui :
Était fondée sur : l'*arbitraire*, l'*inégalité*, l'*injustice*.	Est fondée sur : l'*égalité*, la *justice*.
L'autorité du père était absolue.	L'autorité du père est sagement limitée par le Code civil.
L'autorité de la mère était à peu près nulle.	L'autorité maternelle égale celle du père ; en cas de désaccord seulement, celle du père prime.
L'aîné, seul, héritait des biens paternels : de là, la désunion dans la famille.	Les enfants sont égaux et héritent également de leurs parents. La famille est plus unie.

Lire : « Autorité paternelle et protection des mineurs. »
(BRUNO, *les Enfants de Marcel*, page 186.)

DIX-NEUVIÈME LEÇON

I° DEVOIRS DE L'ENFANT ENVERS SES PARENTS

Les devoirs des enfants envers leurs parents sont :

L'*amour* ;
L'*obéissance* ;
Le *respect* ;
La *reconnaissance*.

1° L'amour filial

C'est un devoir bien doux, que celui d'aimer son père et sa mère.

Nos parents sont les auteurs de nos jours et les protecteurs de notre vie.

Notre mère nous a nourris quand nous étions petits ; elle nous veillait quand nous étions malades ;

sa sollicitude pour nous se continue pendant toute sa vie.

Notre père travaille pour nous nourrir, nous loger, nous vêtir, nous entretenir.

Le but que nos parents se proposent est de nous corriger de nos défauts, de nous faire aimer le travail, afin que nous devenions de bons et honnêtes enfants.

En présence des bienfaits dont ils nous comblent, comment ne les aimerions-nous pas? D'ailleurs personne ne nous aimera autant que notre père et notre mère.

En les aimant, nous commençons à leur témoigner notre reconnaissance et à acquitter la dette que nous avons contractée à leur égard.

C'est une obligation sacrée, mais c'est aussi un sentiment naturel qui rend facile l'accomplissement de ce devoir.

L'amour pour nos parents ne doit pas se mesurer à leurs qualités ou à leurs défauts.

Il nous est inspiré par la nature, mais cet amour se développe et se fortifie par la réflexion. En pensant souvent aux bienfaits de nos parents, nous les comprendrons mieux, et, en grandissant, nous les aimerons d'une affection plus solide et plus durable.

Dans le tout jeune âge, l'enfant témoigne son amour par ses caresses et ses baisers. Plus tard, ce serait insuffisant : votre conduite, votre respect, vos manières prouveront à vos parents que cet amour, en devenant moins démonstratif, s'est néanmoins agrandi et fortifié.

EXEMPLES

Jacques prodigue ses caresses à ses parents. Vous l'avez vu bien triste pendant la maladie de son père.

Mais ce n'est pas un très bon élève. Trop souvent il vagabonde dans les rues et arrive en retard à l'école; trop souvent aussi ses devoirs ne sont point faits et ses leçons pas sues, et cela peine beaucoup son père et sa mère.

Jacques aime-t-il réellement ses parents?... Il le croit; mais je lis dans vos yeux que vous êtes d'un avis contraire. En effet, il ne les aime point comme doit les aimer un grand garçon de douze ans. A cet âge, les caresses sont insuffisantes. L'amour pour nos parents se témoigne surtout par notre conduite et notre travail.

*
* *

A son départ pour l'école, de même qu'à son retour, Louis embrasse ses parents.

Sitôt rentré à la maison, il est heureux de leur montrer les bons points gagnés par son application et sa conduite en classe. Il leur rend compte de ce qu'il a fait à l'école, des leçons expliquées par le maître, etc. En un mot, dans ses actions et dans ses paroles, il cherche à faire plaisir à son père et à sa mère.

Louis aime-t-il vraiment ses parents?... — Certes, oui; et je suis persuadé que vous chercherez à l'imiter.

Lire : « Le père et le fils. » (BRUNO, *les Enfants de Marcel*, page 1.)

« La perte d'une mère », Mme de Sévigné. (LEBAIGUE, *le Livre de l'école*, cours moyen, page 115.)

VINGTIÈME LEÇON

2° L'obéissance filiale.

« L'enfant doit obéir à ses parents en toutes choses. — L'obéissance est le fondement de la piété filiale. »

L'obéissance à nos parents est le premier et le plus important de nos devoirs.

Nous sommes tenus à leur obéir de par la loi, qui

place l'enfant mineur sous l'autorité paternelle (Code civil, art. 372), et c'est avec raison, car sans l'obéissance des enfants aux parents, il ne pourrait y avoir ni famille ni société.

L'obéissance à nos parents nous est commandée :

Par la *conscience* et par la *loi.*

L'amour de nos parents et la reconnaissance nous rendent l'obéissance plus facile et plus douce.

L'obéissance des enfants doit :

S'étendre à tout :

Être { *entière;* *volontaire;* *prompte* et *empressée.*

1° Elle doit s'étendre à tout, jusqu'aux moindres de nos actions, car la plus légère désobéissance est une faute.

Obéir à nos parents, c'est apprendre à obéir plus tard à la loi du devoir et à nos supérieurs ; car partout, nous aurons à obéir.

2° Elle doit être entière, c'est-à-dire que nous devons obéir, sans discuter, sans raisonner, aux ordres des parents, tout simplement parce que ce sont les ordres de notre père et de notre mère ; d'ailleurs, ils savent mieux que nous ce qu'il convient de faire.

Nous ne sommes pas toujours capables de comprendre le pourquoi des ordres de nos parents. Quand ils nous commandent, ils ont en vue notre bien : il est donc de notre intérêt autant que de notre devoir de leur obéir, même fussions-nous plus instruits qu'eux, car ils ont l'expérience de la vie.

Ne pouvant nous conduire nous-mêmes, laissons-nous guider par ceux qui nous aiment le mieux.

Ne discutons jamais les ordres de notre père et de notre mère[1].

La désobéissance :

Chagrine les parents;
Expose les enfants à des dangers.

VINGT ET UNIÈME LEÇON

L'obéissance filiale (*fin*).

3° **Elle doit être volontaire** et non une servitude passive.

Faire en murmurant ce qu'on nous commande, parce que nous y sommes contraints, parce que nous craignons d'être punis, ce n'est plus obéir.

Au contraire, obéissons avec plaisir, parce que nous avons confiance dans la volonté de nos parents.

4° **Elle doit être prompte et empressée.** Dès qu'un ordre nous vient de nos parents, exécutons-le sans atermoiement.

Le devoir n'est pas accompli si l'enfant obéit avec répugnance. Il sent bien, d'ailleurs, que la conscience n'est point satisfaite, et que son acte est peu agréable à ses parents.

La désobéissance est une lâcheté, puisqu'en désobéissant, on n'a pas le courage de vaincre le mauvais sentiment qui entraîne au refus d'obéir.

L'obéissance, au contraire, est l'acte de l'enfant

1. Si, par extraordinaire, les parents commandaient de faire une chose évidemment mauvaise, comme de voler, de mentir..., les enfants ne devraient pas obéir, parce qu'ils doivent, avant tout, suivre l'ordre que la conscience leur impose.

courageux, dont la volonté, ferme déjà, indique qu'il fera passer le devoir avant le plaisir.

Quand vous serez majeurs, vous ne serez plus astreints à la même obéissance envers vos parents ; mais toujours vous devrez les *honorer*, les *respecter* et prendre conseil d'eux. Si la loi civile veut que tous les citoyens soient libres, elle laisse au *cœur* de chacun le soin de décider du *respect* et de la *déférence* qu'on doit à son père et à sa mère.

EXEMPLES

Dans la république d'Athènes, on chassait de la tribune l'orateur accusé d'avoir été mauvais fils; on le notait d'infamie; on ne pouvait croire que celui qui avait été *mauvais fils* pût jamais être autre chose qu'un *mauvais citoyen*.

* * *

Votre ami Charles ne peut écrire : ses doigts sont enveloppés d'une bande de toile.

Voici ce qui est arrivé : son père, qui est maréchal ferrant, lui avait défendu de toucher aux morceaux de fer de la forge.

Malgré cette défense, il en a pris un qui n'était plus rouge, mais qui était encore brûlant.

Plusieurs fois on lui a répété : « Quand un enfant désobéit, il peut lui en cuire. » Heureusement, pour cette fois, le mal n'est pas grand, et ce ne sera qu'un avertissement.

Par obligation, il aurait dû ne pas enfreindre la défense de son père. N'était-il pas aussi de son intérêt d'obéir?

* * *

Frédéric est très occupé à une partie de billes. Plusieurs fois déjà sa mère l'a appelé pour faire une commission chez l'épicier. Enfin, — mais dans la crainte d'être puni seulement, — il quitte le jeu à regret et, tout en maugréant, fait ce que sa mère lui a ordonné.

A-t-il réellement obéi? — Non.

Lire : « La désobéissance. » (BRUNO, *les Enfants de Marcel*, page 144.)

VINGT-DEUXIÈME LEÇON

3° Le respect filial.

« **L'enfant, à tout âge, doit honneur et respect à ses père et mère.** » (Code civil, art. 371.)

Le respect est, en général, le sentiment que l'on a de son infériorité, en présence d'une dignité plus grande.

Quelle que puisse être notre condition, nous resterons toujours les inférieurs de nos parents et toujours nous devons les respecter.

Nos parents sont nos supérieurs par :

La *loi de nature;*
Leurs *soins vigilants et continus;*
Leur *âge;*
Leur *expérience.*

Nous témoignons notre respect à nos parents par :

Notre *langage;*
Notre *attitude;*
Notre *prévenance ;*
Notre *conduite en général.*

Un bon fils ne commence et ne finit pas sa journée sans saluer poliment et affectueusement son père et sa mère.

L'enfant qui penserait et dirait du mal de ses parents serait bien coupable. Ce serait un mauvais fils ; car ce n'est pas leurs défauts qu'il doit voir, mais leur affection et leurs bienfaits.

Autrefois, le fils ne parlait à son père que debout

et la tête découverte. Il ne prononçait les noms de père et de mère qu'en les faisant précéder du mot « monsieur » ou « madame ».

Défions-nous de l'excès contraire. Ne soyons point familiers avec nos parents : ce serait un manque de respect et même de politesse.

La politesse n'est pas seulement réservée aux étrangers, sa première place est dans la famille.

EXEMPLES

Le mauvais fils.

Des parents s'étaient imposé de dures privations pour faire instruire leur fils et lui créer une position honorable.

Un jour, sa vieille mère vint le voir. Quand cette paysanne, avec son bonnet et sa robe de bure, fut sur son départ, son fils l'accompagna jusqu'à la station du chemin de fer. Dans l'avenue de la gare, il rencontre quelques personnes notables de la ville : il a honte, le malheureux, de celle à qui il doit le jour; il la quitte et passe de l'autre côté de la route.

Mais sa conduite a été remarquée; elle fait hausser les épaules et on se moque de lui.

Que pensez-vous de la conduite de ce mauvais fils?... Sûrement, vous êtes de mon avis : c'est *un sot et un ingrat.*

*
* *

Le bon fils.

Voyez, au contraire, ce jeune officier donnant le bras à une vieille femme, qui, d'après sa mise, ne paraît pas fort riche et pour laquelle il se montre cependant plein de prévenances.

Cette femme, c'est sa vieille mère. Il prélève une partie de sa solde pour lui rendre une vieillesse heureuse.

Autant vous méprisez le premier, autant vous admirez le second, et je suis persuadé que c'est la conduite de ce dernier que vous voudrez imiter.

VINGT-TROISIÈME LEÇON

1° La reconnaissance filiale.

L'ingratitude envers nos parents est le vice le plus méprisable.

L'amour envers nos parents ne va pas sans la reconnaissance, qui en est la marque visible et essentielle.

Nous devons à nos parents les plus grands bienfaits et, par conséquent, une reconnaissance sans bornes.

Il ne suffit pas que la reconnaissance remplisse notre cœur, il faut aussi qu'elle se manifeste dans notre conduite, qu'elle se prouve par nos actions.

Nous prouverons notre reconnaissance à nos parents en :

Les *aimant;*
Leur *obéissant;*
Les *respectant;*
Nous *appliquant à nos devoirs;*
Travaillant courageusement en classe;
Nous *conduisant bien partout;*
Nous *rendant utiles à la maison.*

Ne laissons échapper aucune occasion de nous rendre utiles à nos parents : les petites filles, en aidant la mère dans les soins du ménage ; les petits garçons, dans les travaux des champs ou du jardin, en écrivant les lettres de la famille et en s'occupant de la tenue des comptes, etc.

Il est une circonstance où la reconnaissance filiale

doit s'exercer tout entière : c'est dans le cas d'une maladie frappant le père ou la mère. Les soins empressés, dévoués et intelligents font souvent plus pour la guérison que l'ordonnance du médecin.

Sachons nous dévouer pour eux ; soyons prêts, pour les servir, à tous les sacrifices, et n'oublions pas que nous ne pourrons *jamais leur rendre qu'une bien faible partie de ce qu'ils ont fait pour nous.*

EXEMPLES

Une jeune fille, Léontine Nicolle, avait perdu son père; sa mère devint folle et fut enfermée à la Salpêtrière, à Paris.

Léontine aurait pu vivre heureuse. Mais le pouvait-elle loin de sa mère?

Elle sollicita et obtint d'entrer comme surveillante dans cette maison d'aliénés, et, pendant vingt-sept ans, enfermée avec des fous et des folles, elle prodigua ses secours à sa pauvre mère, qui n'avait même plus assez d'intelligence pour reconnaître sa fille.

N'admirez-vous point cet exemple de dévouement filial?... — Oui, n'est-ce pas? Aussi serez-vous heureux d'apprendre qu'en 1870 l'Académie française lui décerna le prix de vertu.

(D'après G. COMPAYRÉ.)

* * *

« Marie-Sophie Thiébaut, des environs de Commercy (Meuse), après avoir soigné pendant deux ans sa mère qu'elle a perdue, est depuis quinze ans l'unique soutien d'un père âgé de soixante-quinze ans, infirme et dans la misère, et d'un frère idiot et incapable de tout travail. Ses compatriotes admirent sa résignation laborieuse et toutes les privations que s'impose cette brave fille, dont le travail n'est payé que soixante centimes par jour. Cela lui a suffi jusqu'ici pour soutenir l'existence de son père et de son frère. Elle a refusé des places lucratives pour ne pas les quitter, car ils ne pourraient se passer de ses soins journaliers. »

(MÉZIÈRES, *Rapport sur les prix de vertu*, 1860.)

Lire : « La piété filiale. — Les soins d'un fils à son père. »
(BRUNO, *les Enfants de Marcel*, page 10.)

VINGT-QUATRIÈME LEÇON

DEVOIRS DE L'ENFANT MAJEUR ENVERS SES PARENTS

« Qui délaisse son père et sa mère en leurs nécessités, » qui demeure sec et froid à la vue de leurs souffrances » et de leur dénûment, je vous le dis en vérité, son nom » est parmi ceux des parricides. » (LAMENNAIS.)

Devoirs de l'enfant majeur envers ses parents :

Les *honorer* et les *respecter;*
Leur *fournir ce qui est nécessaire à leurs vieux jours;*
Respecter leur nom de famille.

Nos devoirs envers nos parents changent avec l'âge ; mais, loin de diminuer, ils ne font qu'augmenter.

Arrivé à sa majorité, le jeune homme est ou doit être assez raisonnable pour répondre de ses actes : ses parents n'en sont plus responsables ; aussi n'ont-ils plus réellement d'ordres à lui donner, mais seulement de bons conseils.

Mais, quel que soit notre âge, nous devons *toujours honorer* et *respecter* nos parents.

Pour bien montrer que le fils, soit-il à l'âge mûr, doit *toujours de la déférence* à ses parents, la loi ne l'autorise jamais à se marier sans leur demander leur consentement.

« *Les enfants doivent les aliments à leurs père et mère et autres ascendants qui sont dans le besoin.* » (Code civil, art. 205.) Mais, cette loi ne serait pas inscrite dans le Code, que vous n'y failliriez pas. Les fils dénaturés seuls pourraient y manquer.

Rien, dans nos actes, ne doit ternir l'honneur du nom de famille, c'est un patrimoine sacré. Nos aïeux nous l'ont légué sans tache, et tel nous devons le transmettre à nos enfants.

EXEMPLES

Pour un motif insignifiant et sans avoir jamais cessé d'être un honnête homme, Lopouloff fut exilé en Sibérie.

Ce malheureux ne pouvait se résigner à son sort; il s'abandonnait souvent à des accès de désespoir et on le voyait dépérir de jour en jour. Prascovie, sa jeune fille, conçoit le hardi projet d'aller à Saint-Pétersbourg implorer la grâce de son père.

Ce ne fut qu'après trois années que Lopouloff, cédant aux longues obsessions de sa fille, consentit à la laisser partir.

Seule, sans guide, sans argent, cette courageuse enfant entreprend ce long voyage de dix-huit mois à travers les neiges du désert.

Elle arrive enfin à Saint-Pétersbourg. Après de longs efforts et des courses sans nombre, elle parvient à intéresser à son sort une dame puissante à la cour, qui la fait présenter à l'impératrice. Celle-ci, touchée de tant de courage et de tant de dévouement, obtient de l'empereur la grâce de Lopouloff.

(D'après X. de Maistre, *la Jeune Sibérienne*.)

*
* *

Le père de Michel Renaud, ruiné par l'invasion de 1815, meurt, laissant 100 000 francs de dettes. Mais, à son lit de mort, il a la consolation d'entendre son fils lui promettre de consacrer sa vie à réhabiliter le nom qu'il lui laissait pour unique héritage.

Cette promesse était bien difficile à réaliser pour un jeune homme de vingt ans, habitué aux loisirs d'une vie aisée. Mais le courage ne manque pas à ce pieux enfant. Résolument, il se met au travail.

Logé dans une modeste chambre, se privant de tout, il ne

songe qu'à une chose, ne poursuit qu'un but : réhabiliter la mémoire de son père.

Des années se sont écoulées..., quand un jour on lit dans les journaux judiciaires : « La cour de Paris vient de réhabiliter feu Jean-François Renaud, failli. »

(Extrait de la collection des *Bons livres*.)

Lire : « Un homme d'honneur. » (BRUNO, *le Tour de la France*, page 277.)

VINGT-CINQUIÈME LEÇON

II°. DEVOIRS DES FRÈRES ET SŒURS

Un frère est un ami donné par la nature.

Le fils unique, la fille unique, objet d'une affection paternelle exclusive et de soins exagérés, peut devenir égoïste.

Les enfants qui ont des frères et des sœurs sont généralement moins enclins à l'égoïsme que les fils uniques.

Soyez unis : c'est en maintenant l'union et la concorde entre vos frères et sœurs, que vous ferez le bonheur de vos parents.

Des liens étroits unissent les frères et sœurs :

Ils sont nés des *mêmes parents*;
Ils ont *même nom* et *mêmes affections*;
Souvent ils ont les *mêmes traits physiques*;
Ils habitent la *même demeure*;
Leurs *intérêts sont les mêmes*.

Rien n'égaye tant le foyer paternel que l'union des enfants. Rien, non plus, n'est si beau qu'une famille bien unie; aussi cette union et ce dévouement fraternel doivent-ils durer toute la vie.

Les devoirs réciproques des frères et sœurs sont :

1° L'*affection;*
2° L'*assistance;*
3° Les *concessions mutuelles;*
4° Le *bon exemple.*

1° Les frères et sœurs se doivent *affection mutuelle.* Ils doivent se soutenir et s'unir pour l'honneur et les intérêts de la famille.

Ils portent le même nom et ont le même intérêt à le faire respecter. Pour eux, tout est commun.

Comment ne pas s'aimer, quand on a le même père et la même mère?

L'affection réciproque des frères et sœurs rejette :

La *taquinerie;*
La *brusquerie;*
La *jalousie.*

La jalousie est le fléau de la société et des familles; elle est la principale cause de désunion. Ne jalousons personne : 1° par devoir, car la jalousie nous rend injustes et méchants; 2° par intérêt, car elle torture ceux qui en sont atteints.

Les manières brusques peuvent détruire l'affection qui doit exister entre frères et sœurs.

2° Les aînés doivent *protection* aux plus jeunes, et les plus jeunes de la *déférence* envers les aînés.

Ils se doivent *assistance*, non seulement pendant leur enfance, mais aussi pendant toute leur vie. Si, par suite des circonstances, un des frères réussit et que l'autre échoue, c'est à la fois un devoir et un bonheur pour le plus favorisé de tendre une main fraternelle à l'autre.

3° Les *concessions mutuelles* favorisent et entretiennent l'affection fraternelle : c'est au plus jeune à céder; mais, de son côté, l'aîné se montrera aussi conciliant, parce qu'il est ou doit être le plus raisonnable.

Faites des concessions, vous n'en serez que plus aimés de vos frères et de vos parents, et vous-même en éprouverez, d'ailleurs, un grand contentement.

Mais c'est à l'égard de vos sœurs surtout que vous devez être pleins d'égards et de prévenances.

Lire : « L'amour fraternel. » (BRUNO, *le Tour de la France*, page 9.)

VINGT-SIXIÈME LEÇON

DEVOIRS DES FRÈRES ET SŒURS (*fin*)

L'aîné, par son âge, a la mission de conseiller et de diriger ses frères plus jeunes. Il remplira cette mission avec douceur et bonté, mais aussi avec fermeté. Il évitera les paroles ironiques, qui sont un manque de charité.

Mais s'il a le droit de conseil et même de réprimande, à côté de ce droit est le *devoir du bon exemple*.

Dans l'ancienne famille, les aînés étaient privilégiés; aujourd'hui, ils ont plus de devoirs, qu'ils acceptent volontiers.

Le premier devoir de l'aîné est le bon exemple, et c'est là une grande responsabilité qui lui incombe.

Les frères plus jeunes sont naturellement portés à

l'imiter. Si sa conduite dans la famille, à l'école, dans les rues est exempte de reproches, il sera suivi dans cette voie par ses frères et fera la joie de ses parents.

S'il se conduit mal, il sera donc doublement coupable.

La mort du père ou de la mère ou de tous les deux oblige l'aîné à de plus grands devoirs encore ; il sera alors non seulement l'aîné de la famille, mais aussi le père des orphelins.

Parfois, frères et sœurs se querellent, se jalousent, se parlent durement, se rudoient les uns les autres. Ce sont de fâcheuses habitudes qu'il faut faire disparaître, car elles ne tardent pas à détruire le sentiment fraternel.

EXEMPLES

Oscar et Gaston, deux jeunes frères, s'aimaient de tout leur cœur. Jamais de taquinerie de la part de l'aîné; point de contrariété entre eux; en un mot, c'étaient deux bons petits frères.

Un jour, Gaston, le plus jeune, tomba malade. Oscar, tout attristé de voir souffrir son jeune frère, n'allait plus jouer avec ses camarades. Assis à côté du lit de Gaston, il faisait ses devoirs quand le petit malade sommeillait. Dès que celui-ci s'éveillait, il lui faisait prendre les médicaments ordonnés par le médecin.

Il cherchait aussi à le distraire en lui montrant les images de son livre, et il parvenait même à le faire sourire au milieu de ses souffrances.

Lorsque, grâce à tant de soins, le petit frère fut guéri et que les deux enfants purent reprendre ensemble leurs études et leurs jeux, il leur sembla qu'ils s'aimaient davantage encore et qu'ils étaient plus heureux.

* * *

Madeleine Grobot, d'Angoulême, à l'âge de seize ans, reste l'aînée de onze orphelins. Cette brave fille ne se laisse point abattre par le malheur qui la frappe, et elle n'hésite pas devant la charge écrasante qui lui est imposée. Elle se fait la mère des petits orphelins, et, par un travail opiniâtre et une prévoyance de tous les instants, elle trouve moyen de les nourrir, de les soigner et de les élever tous.

Elle ne cesse de se dévouer que lorsqu'elle a mis chacun des orphelins en état de gagner honorablement leur vie.

(D'après le *Rapport sur les prix de vertu*, 1854.)

Lire : « Les soins d'André au petit Julien. » (BRUNO, *le Tour de la France*, page 171.)

« Le droit d'aînesse, » Laprade. (LEBAIGUE, *le Livre de l'école*, cours moyen, page 80.)

« La petite mère », J. Normand. (LEBAIGUE, *le Livre de l'école*, cours supérieur, page 114.)

VINGT-SEPTIÈME LEÇON

III° DEVOIRS DE L'ENFANT ENVERS SES GRANDS-PARENTS

« Honore le père et la mère de ton père, le père et la mère de ta mère. »

Nous avons à remplir envers nos grands-parents exactement les mêmes devoirs qu'à l'égard de notre père et de notre mère; et cela pour une double raison : d'abord ils ont élevé notre père et notre mère, comme ceux-ci nous élèvent à leur tour ; ensuite, si nous devons respecter les personnes âgées, à plus forte raison devons-nous tout notre respect à nos grands-parents.

S'ils sont atteints d'infirmités, de manies qui semblent ridicules ; plaignons-les, respectons ces infirmités, et n'en rions jamais.

N'ayons pas honte d'eux, et ne rougissons point de dire : Ce vieillard est mon grand-père.

EXEMPLE

Quel est ce vieillard que Louis conduit par la main?

C'est son grand-père. Le pauvre homme est bien cassé : son corps est presque plié en deux. En outre, depuis peu de temps, il a perdu la vue. Il est donc malheureux.

Mais, dans son malheur, il a encore une consolation, celle d'avoir un bon petit-fils.

Louis est plein de prévenances pour lui. Quand le vieillard veut se promener, le jeune enfant est toujours à sa disposition pour le conduire. Sitôt son devoir terminé, et au lieu d'aller courir dans les rues, il trouve son plus grand plaisir à lire au pauvre aveugle soit un journal, soit un livre.

Aussi ce bon fils fait-il la joie de ses parents et de son vieux grand-père; il a l'estime de tous ceux qui le connaissent et aussi la satisfaction du devoir accompli.

*
* *

Lire V. Hugo : *L'Art d'être grand-père.*

Lire : « L'invitation chez l'aïeul. » (Bruno, *les Enfants de Marcel*, pages 18 et suivantes.)

« Aux enfants. » (Lebaigue, *le Livre de l'école,* cours moyen, page 29.)

VINGT-HUITIÈME LEÇON

IV° DEVOIRS ENVERS LES SERVITEURS

« Le bon maître fait le bon serviteur. »

« La famille comprend encore toutes les personnes qui vivent auprès de nous et qui travaillent pour nous, moyennant salaire, tels que les employés, les serviteurs[1] ».

Certains enfants se montrent à l'égard des serviteurs :

Durs;
Fiers;
Dédaigneux;
Leur parlent avec *hauteur;*
Leur commandent avec *arrogance.*

Agir de cette manière est impardonnable : il est toujours laid et ridicule pour un enfant de commander ainsi : il devrait au moins respecter la supériorité de l'âge des serviteurs.

Les domestiques sont nos semblables : comme nous, ils sont des hommes. Beaucoup, par leur honnêteté, leur dévouement, la dignité de leur vie, sont parfois plus vertueux que leurs maîtres.

Les enfants doivent se montrer envers les serviteurs :

Polis;
Bienveillants;
Sans exigence outrée.

Conduisons-nous envers eux comme nous voudrions que l'on se conduisît envers nous-mêmes si nous étions domestiques.

Ne les fréquentons pas trop : restons avec les enfants de notre âge.

* * *

Les maîtres ont des devoirs envers les domestiques.

Autrefois, les domestiques étaient considérés comme des esclaves; aujourd'hui, ce sont des hommes libres, nos concitoyens, jouissant des mêmes droits que nous.

1. Ch. Dupuy.

Les patrons doivent les traiter avec bienveillance et se rappeler que, comme eux, ils possèdent la dignité humaine.

Retenir le salaire d'un ouvrier est un vol; ne pas respecter ses opinions, ses croyances religieuses, c'est être intolérant.

Le devoir, d'accord ici avec notre intérêt, nous oblige à des égards et des encouragements envers nos serviteurs.

*
* *

Mais aux devoirs des maîtres correspondent aussi des devoirs des serviteurs.

C'est volontairement qu'ils se sont engagés à servir un maître, aussi doivent-ils :

Remplir scrupuleusement les conditions de cet engagement;

Défendre les intérêts qui leur sont confiés comme leurs propres intérêts;

Se montrer complaisants et dévoués;

Témoigner de la reconnaissance pour les bienfaits reçus.

EXEMPLE

Le petit serviteur reconnaissant.

Ambroise avait dix ans, lorsqu'il entra chez un riche fermier pour aider le valet de basse-cour.

Jules, le fils du fermier, le prit en affection, et tous les soirs il lui apprenait à lire, à écrire, à calculer, etc.

Grâce à la patience du jeune maître, autant qu'à l'intelligence et à l'application du petit domestique, Ambroise fit des progrès rapides.

Plusieurs années se sont écoulées... Des malheurs imprévus sont venus fondre sur la famille de Jules. Ses parents, minés par le chagrin, ne tardent pas à mourir.

Ambroise avait trouvé une place avantageuse chez un

négociant, et, par son intelligence, son activité et sa loyauté, il était parvenu à la tête d'un commerce florissant.

Apprenant le malheur de ses maîtres, il va trouver Jules et lui offre de devenir son associé.

Les deux amis sont heureux dans leurs entreprises.

Celui qui avait été compatissant et bon dans la fortune, a trouvé, dans le malheur, la juste récompense de sa charité.

VINGT-NEUVIÈME LEÇON

DEVOIRS DES PARENTS ENVERS LEURS ENFANTS

Vous voulez que votre fils et votre fille soient honnêtes et vertueux, soyez-le vous-même.

Sitôt mariés, une vie toute nouvelle commence pour les époux, une vie toute de dévouement, de concessions mutuelles, de sacrifices que l'affection rend faciles.

EXEMPLE

Dévouement conjugal.

Conrad III, empereur d'Allemagne, assiégeait une ville défendue par le duc de Wurtemberg. Le siège fut long et la ville ne se rendit qu'à la dernière extrémité.

Irrité de cette résistance, l'empereur veut mettre tout à feu et à sang. Cependant, il fait grâce aux femmes, leur permettant d'emporter avec elles ce qu'elles ont de plus précieux.

La duchesse profite de cette permission pour sauver les jours de son mari : elle l'emporte sur ses épaules. Toutes les femmes imitent son exemple, et Conrad les voit sortir ainsi chargées.

Il ne peut tenir contre un spectacle aussi touchant, et, cédant à l'admiration qu'il lui causait, il fait grâce aux hommes en faveur des femmes.

(D'après Blanchard, *l'Ecole des mœurs.*)

Quelle joie pour un homme d'apprendre qu'il va être père ! mais aussi que de devoirs nouveaux cette joie apporte avec elle.

Si les parents ont des droits sur leurs enfants, ils ont aussi des devoirs envers ceux-ci.

Devoirs des parents envers leurs enfants :

Les *aimer* également;
Les *nourrir* ;
Les *entretenir* ; (Code civil, art. 203.)
Les *élever* ;
Leur *donner le bon exemple;*
Les *instruire* ou les faire instruire;
Faire leur *éducation;*
Les *préserver des dangers physiques et moraux;*
Leur *faciliter la vie matérielle.*

1° Les aimer également. — L'amour du père et de la mère pour leurs enfants est un sentiment naturel ; cependant ce n'est pas d'un amour égoïste qu'ils doivent les aimer, mais pour le bien propre de leurs enfants.

N'aiment pas réellement leurs fils ou leurs filles, les parents qui les gâtent, qui sont les esclaves de leurs caprices enfantins.

Ils ne doivent pas non plus avoir de préférence marquée pour l'un d'eux, car tous ont un droit égal à leur amour.

Les parents qui préféreraient un de leurs enfants aux autres seraient de mauvais parents : ils risqueraient en outre de faire naître la jalousie dans leur famille.

2° Les nourrir, les entretenir, les élever. — Ces devoirs, bien qu'indiqués au Code civil, ne leur paraissent pas difficiles, puisque les accomplir est un sentiment naturel.

On trouve très rarement des parents assez dénaturés pour ne pas remplir ces devoirs.

3° **Leur donner le bon exemple.** — Les parents doivent, avant tout, le bon exemple à leurs enfants. C'est la leçon de morale la plus efficace. Ce devoir exige une surveillance continue sur eux-mêmes, pour ne laisser échapper, en actions ou en paroles, rien qui puisse faire croire à une moralité douteuse. Quelle terrible responsabilité assument les parents qui sont pour leurs enfants une occasion de chute !

TRENTIÈME LEÇON

DEVOIRS DES PARENTS ENVERS LEURS ENFANTS (*fin*)

« **Tel père, tel fils; telle mère, telle fille.** »

4° **Les instruire.** — Les parents ne doivent pas seulement favoriser le développement physique de leurs enfants, ils doivent aussi pourvoir au développement de leurs facultés intellectuelles, leur faire contracter de bonnes habitudes, leur donner ou leur faire donner une instruction en rapport avec leur situation.

Envoyer leurs enfants à l'école est pour eux non seulement un droit, mais un devoir. (Loi du 28 mars 1882.)

5° **Faire leur éducation.** — Tous leurs efforts

doivent tendre à fortifier en eux l'amour du bien, le sentiment de la justice, le respect de l'autorité. Ils les habitueront, dès leur jeune âge, à faire au devoir le sacrifice de leur intérêt et de leurs plaisirs.

Ils doivent les corriger de leurs défauts avec douceur et fermeté : une trop grande sévérité aurait de fâcheuses conséquences. Mais ils doivent aussi résister à ces excès de tendresse et à cette sollicitude peu éclairée de la part de certains parents, qui font les enfants gâtés.

Plus tard, l'enfant ne leur reprochera point les quelques larmes qu'il aura versées dans son enfance; au contraire, il leur en sera reconnaissant, car il comprendra mieux que ses parents ne voulaient que le rendre meilleur.

Lire : « Le linot », Florian. (LEBAIGUE, *le Livre de l'école*, cours moyen, page 12.)

6° Les prévenir des dangers physiques et moraux. — Au point de vue corporel, cela ne fait aucun doute; quel est, en effet, le père, quelle est la mère qui n'exposerait sa vie pour sauver son enfant en danger de mort?

Les dangers moraux sont bien plus à craindre que les dangers physiques; la surveillance des parents doit s'étendre à tout : compagnies, entretiens, lectures, sentiments même, etc.

7° Leur faciliter la vie matérielle. — C'est encore un devoir pour les parents de mettre leurs fils en état de gagner leur vie, en leur faisant apprendre un métier ou en leur facilitant l'accès d'une carrière libérale, selon leurs ressources et la vocation des enfants. En un mot, en faire des hommes justes, bons, laborieux et capables de fonder et de diriger plus tard une famille.

EXEMPLE

Une pauvre veuve, des Vosges, était allée à la forêt voisine ramasser du bois mort et avait déposé son jeune enfant sur la mousse, au pied d'un arbre.

Tout à coup, elle l'entend pousser un cri; alarmée, elle accourt et aperçoit un loup, l'aspect terrible, l'œil en feu, prêt à se jeter sur son fils.

N'écoutant que son amour maternel, elle se jette entre la bête affamée et son enfant, à qui elle fait un rempart de son corps.

A cette vue, le loup furieux tourne sa rage sur la mère; il l'attaque, la déchire et s'abreuve de son sang.

Tandis que cette infortunée se débat, elle se rappelle qu'elle a un couteau. Elle le saisit, et, rassemblant le peu de forces qui lui restent, elle l'enfonce dans le cœur de l'animal, qui roule à ses côtés.

Mais, trop faible pour un pareil effort, cette pauvre femme meurt en s'écriant : « Sauvez mon enfant! »

Vous admirez le dévouement de cette mère, qui fait le sacrifice de sa vie pour son fils.

Sa dernière parole n'est pas pour se plaindre. Sa dernière pensée est encore pour son fils : « Sauvez mon enfant! »

Corrélation des devoirs et des droits de l'enfant dans la famille.

Devoirs :	Droits :
Amour de l'enfant pour ses parents.	Amour des parents pour l'enfant.
Obéissance de l'enfant.	Les parents doivent : l'instruire, le bien élever, en faire un homme honnête et utile, ne lui commander que ce qu'ils ont le droit d'ordonner.
Respect.	Conduite des parents de façon à toujours mériter le respect.
Reconnaissance.	Parce que les parents le nourrissent, subviennent à tous ses besoins, lui facilitent la vie matérielle.

TRENTE ET UNIÈME LEÇON

RÉSUMÉ DES DEVOIRS DE L'ENFANT DANS LA FAMILLE

L'homme est dans la société ce qu'enfant il a été dans la famille.

- **Devoirs de l'enfant dans la famille.**
  - *1° Envers ses parents.*
    - 1° Amour.
      - Ses parents sont les auteurs de ses jours.
      - Personne ne l'aime autant qu'eux.
      - Cet amour, inspiré par la nature, s'accroît et se développe par la réflexion.
    - 2° Obéissance.
      - 1° Par devoir. — Code civil, art. 372.
      - 2° Par intérêt. — Ils ne lui commandent que pour son bien.
      - L'obéissance doit :
        - s'étendre à tout;
        - être :
          - entière;
          - volontaire;
          - prompte et empressée.
    - 3° Respect.
      - Ses parents sont ses supérieurs par :
        - la loi de nature;
        - les bienfaits dont ils l'ont comblé;
        - leur âge;
        - leur expérience.
      - Il leur témoigne son respect par :
        - son langage;
        - son attitude;
        - sa prévenance;
        - sa conduite en général.

3. Devoirs de l'enfant dans la famille.

- 1° Envers ses *parents*.
  - 4° Reconnaissance.
    - Ses parents sont ses premiers et ses plus grands bienfaiteurs.
    - Il leur prouve sa reconnaissance en :
      - les aimant;
      - leur obéissant;
      - les respectant;
      - travaillant bien en classe;
      - se conduisant bien;
      - se rendant utile à la maison.
    - A sa majorité, il doit :
      - les honorer et les respecter;
      - leur fournir le nécessaire sur leurs vieux jours;
      - respecter son nom de famille.
- 2° Envers ses *frères et sœurs*.
  - 1° Affection. — Eviter : la taquinerie, la jalousie, les manières brutales.
  - 2° Assistance. — L'aîné doit protéger les plus jeunes. Les plus jeunes doivent de la déférence envers les aînés.
  - 3° Concessions mutuelles. — Il faut céder à tour de rôle, généralement c'est le plus raisonnable. Etre plein d'égards et de prévenances, surtout pour ses sœurs.
  - 4° Bon exemple. — Les aînés doivent le bon exemple à leurs jeunes frères et sœurs.
- 3° Envers ses *grands-parents*.
  - 1° Amour.
  - 2° Obéissance.
  - 3° Respect.
  - 4° Reconnaissance.
  - Pour les mêmes raisons qu'envers ses parents.
- 4° Envers les *serviteurs*.
  - Ne pas se montrer : dur, fier, dédaigneux.
  - Se montrer : doux, bienveillant, sans exigence outrée; leur parler poliment, leur commander sans arrogance.

CHAPITRE III

II° A L'ÉCOLE

TRENTE-DEUXIÈME LEÇON

L'ÉCOLE D'AUTREFOIS

« **Qui a l'école a la victoire.** » (Proverbe allemand.)

Il y a moins d'un siècle, il n'y avait pas d'école dans chaque localité. Parfois, il n'y avait qu'une école pour « quinze ou vingt villages[1] ». Pour se rendre en classe, l'enfant avait souvent un long trajet à parcourir.

L'école se faisait, pendant quelques mois d'hiver seulement, dans des pièces basses, sombres, souvent dans des granges, où les enfants s'entassaient pêle-mêle, quelques-uns assis sur les rares bancs, les autres debout, adossés aux murs humides, attendant que le maître, occupé de son autre métier, voulût bien leur consacrer quelques instants et leur faire dire leurs lettres ou leur croisette.

En hiver, chaque élève apportait sa bûche : les écoliers allumaient le feu à tour de rôle.

Les régents d'école étaient obligés, pour gagner de quoi vivre, de cumuler les fonctions de l'église,

1. G. Compayré.

de l'école, de la mairie, avec celles de sacristain, de sonneur de cloches, de fossoyeur, et quelque autre métier, comme savetier, tailleur, cabaretier, ménétrier ou violonneux.

Muni d'une *autorisation d'enseigner*, délivrée par l'évêque ou le curé-doyen, le régent se présentait devant la communauté, qui lui faisait subir un examen. S'il était agréé, on signait le bail, qui déterminait ses engagements et son salaire. L'engagement n'était qu'annuel ; aussi le régent d'école était-il à la merci des cabales du village, à la discrétion du curé et de l'évêque, qui pouvaient toujours lui retirer l'autorisation d'enseigner.

Il était peu instruit. Avant la loi de 1833, il n'était pas rare de rencontrer des maîtres d'école qui savaient à peine lire et écrire. Il n'y avait point d'écoles normales comme aujourd'hui pour préparer les régents. Le premier venu pouvait embrasser cette profession. Dans certaines contrées même, il y avait des foires de maîtres d'école, comme il y avait des foires de domestiques.

A l'école d'autrefois, on enseignait tout au plus à lire et à écrire, et à remplir convenablement les fonctions d'enfant de chœur.

La discipline, très sévère, autorisait les châtiments corporels, l'emploi de la baguette et autres sortes de punitions, qui, aujourd'hui, vous paraîtraient bien cruelles.

*
* *

Je me rappelle avoir lu, aux archives d'une commune voisine, un procès-verbal du siècle dernier, signé par la commission chargée de faire subir un semblant d'examen au régent de la localité et présidée par le curé de l'endroit.

Le procès-verbal mentionne que le maître d'école « écrit

» assez lisiblement, qu'il lit passablement le latin, mais que » la lecture du français laisse beaucoup à désirer et qu'il ne » connaît pas son plain-chant... Cependant, continue le sus- » dit procès-verbal, comme il remplit ses fonctions à l'église » à la satisfaction de tous, il lui sera conservé la charge de » régent à X... »

* * *

« Le maître d'école d'il y a quatre-vingts ou cent ans » bornait son ambition à faire apprendre leur croisette à ses » écoliers. Ce n'était point un savant, oh non! L'un d'eux, » qui tenait l'école de mon village natal, aux environs de » 1830, fut déféré pour son insuffisance à une commission » d'examen qui lui demanda la définition de l'adjectif et sa » règle d'accord avec le substantif. Le pauvre homme n'en » savait pas si long; il eût pu répondre comme Martine :

Qu'ils s'accordent entre eux ou se gourment, qu'importe!

» Mais, outre qu'il n'avait pas lu Molière, tant d'à-propos » n'eût pas désarmé la commission, composée d'hommes fé- » roces qui considérèrent son silence comme un aveu et » proposèrent — j'ai vu le papier — sa révocation sans » phrases. Il ne l'attendit pas et partit pour l'Amérique, » d'où il n'est pas revenu. »

(Discours prononcé à la distribution des prix d'une école communale, août 1893.)

Vous voyez, mes enfants, que l'instituteur de 1830, pas plus que celui du siècle dernier, n'étaient de grands clercs.

TRENTE-TROISIÈME LEÇON

L'ÉCOLE D'AUJOURD'HUI

Il est plus agréable d'aller à l'école aujourd'hui qu'il ne l'était autrefois : on s'efforce de vous instruire en vous donnant un enseignement rationnel et attrayant.

Aujourd'hui, chaque village a son école : vous n'avez que quelques mètres à parcourir pour y arriver.

Tout est en progrès dans l'école. La salle est spacieuse, bien aérée, bien tenue ; tout y respire l'ordre et la propreté : elle tient la première place au village, et cela avec raison, puisque c'est là qu'on forme des hommes utiles et dévoués au pays.

Aux murailles, autrefois dénudées, sont suspendues des cartes, des tableaux et des dessins récréatifs et instructifs à la fois. Le mobilier scolaire est confortable : chaque élève a sa place, sa case où il met ses cahiers et ses livres.

Vous n'avez plus à vous occuper du chauffage pendant l'hiver : c'est une dépense qui incombe à la commune. Quand vous arrivez à l'école par les froides gelées, vous trouvez la pièce bien chauffée.

La discipline y est douce : parfois le maître vous adresse des remontrances toutes paternelles ; parfois aussi, il vous inflige quelques punitions légères. N'oubliez pas, mes enfants, qu'il lui est toujours pénible de vous punir. Quand, par votre paresse ou votre légèreté, vous le mettez dans la dure nécessité de sévir, c'est toujours avec justice qu'il le fait et dans votre intérêt, pour vous corriger de vos défauts et faire de vous de bons enfants, en attendant que plus tard vous soyez de bons citoyens.

Il est plus instruit que son devancier d'il y a cinquante ans. Les programmes actuels ont alourdi sa tâche, car c'est surtout la nature des études qui a progressé à l'école primaire. On ne vous y enseigne plus seulement à lire et à écrire, mais aussi bien des choses utiles et nécessaires : l'arithmétique qui, tout en développant votre jugement et votre raisonnement, vous permettra de vous occuper vous-mêmes de vos affaires, sans les confier à des mains étrangères et onéreuses ; l'histoire et la géographie, surtout l'histoire et la géographie de la France, votre patrie, que vous aimerez d'autant plus, que vous la connaîtrez mieux ; la morale, pour que vous deveniez des hommes honnêtes, etc.

L'école est, pour l'enfant, comme une petite patrie, où il apprend à connaître et à aimer l'autre, la *grande Patrie française.*

N'oubliez pas que vous êtes redevables de la plupart de ces bienfaits à la République, qui a beaucoup fait pour l'instruction du peuple.

TRENTE-QUATRIÈME LEÇON

L'INSTITUTEUR D'AUJOURD'HUI

Si l'instituteur d'aujourd'hui est plus instruit, plus considéré que celui d'autrefois, il a aussi plus de devoirs à remplir.

Le jeune homme qui se sent la vocation de l'enseignement et qui, un jour, s'est écrié : « Et moi aussi, je serai instituteur ! » doit faire de bonnes études ; car il faut savoir beaucoup pour pouvoir enseigner peu.

Avant de concourir pour l'école normale, il a dû, au préalable, réussir à l'examen du brevet élémentaire.

Puis vient le concours d'admission à l'école normale. Pendant près de huit jours passés dans cet établissement, les professeurs étudient le candidat tant au point de vue du caractère et de la conduite qu'au point de vue de l'intelligence et de l'instruction.

Si cet examen lui est favorable, il passe trois années à cette école, où il fortifie et agrandit son instruction et apprend tout ce qu'un bon maître doit savoir.

Muni de son brevet supérieur, l'élève-maître sortant sollicite un poste d'instituteur stagiaire.

Pendant des années encore, il sera sous la direction d'un maître capable, qui lui prodiguera ses conseils, fruit de son expérience, et le guidera dans la délicate et difficile mission d'enseigner.

Et seulement après un stage de cinq à six ans, on lui donnera la direction d'une école, et encore s'il a subi avec succès l'examen du certificat d'aptitude pédagogique.

Voyez, que de précautions on prend pour bien préparer vos maîtres !

La possession des brevets prouve leur instruction ; celle du certificat d'aptitude pédagogique est un témoignage qu'ils savent enseigner, qu'ils ont l'aptitude nécessaire pour devenir de bons maîtres.

Ne croyez pas que votre instituteur ne vous consacre que six heures par jour. Ce matin, quand on vous a rendu vos cahiers, vos devoirs étaient annotés, vos exercices de rédaction corrigés : qui avait fait ce travail, si ce n'est votre maître ? Tous les jours, il passe dans le recueillement une heure ou deux, quelquefois plus, à choisir les devoirs qui vous conviennent et qu'il vous donnera à faire le lendemain, à préparer les leçons qui vous sont destinées, afin qu'elles vous soient exposées d'une façon plus claire et plus à la portée de vos jeunes intelligences.

Journellement, il étudie les méthodes et les nouveaux procédés d'enseignement pour les employer dans sa classe afin de vous rendre l'étude plus agréable et plus facile.

Ses élèves le préoccupent continuellement : il ne vit que pour eux.

Plus tard, quand vous l'aurez quitté, il vous suivra encore : il se réjouira de vos succès et se contristera de vos échecs.

Lire : « Retour à la ville natale. » (Bruno, *le Tour de la France*, page 275.)

« Le maître », par Guyau. (Lebaigue, *le Livre de l'école*, cours élémentaire, page 87.)

TRENTE-CINQUIÈME LEÇON

L'INSTRUCTION ET L'ÉDUCATION [1]

« **L'instruction donne la science; l'éducation, la sagesse.** » (G. Compayré.)

L'instruction est un trésor que nous ne pouvons perdre et qu'on ne peut nous enlever. Mais l'essentiel n'est pas de posséder un trésor : il faut savoir en

1. Voy. la troisième leçon, page 4.

profiter, et c'est l'éducation qui nous apprend la manière de nous en servir.

L'instruction est un ensemble de connaissances ; elle s'adresse à l'intelligence et ce n'est qu'indirectement qu'elle influe sur le cœur et le caractère.

L'éducation développe les bons sentiments ; par elle, nous prenons l'habitude du bien, nous formons notre cœur et notre caractère.

L'instruction nous fait capables, l'éducation nous rend honnêtes.

Notre instruction et notre éducation dépendent beaucoup de nous-mêmes : notre volonté y a une grande part.

Pour résister aux mauvaises passions, la force morale de l'homme instruit est bien supérieure à celle de l'ignorant.

EXEMPLES D'INSTRUCTION

Apprendre à lire, à écrire, à calculer, c'est s'instruire.

On nous a appris l'histoire de la France, avec ses périodes de revers et de succès, ses malheurs et ses gloires; c'est aussi nous instruire.

Nous savons que les corps de la nature peuvent se présenter à nous sous trois états : solides, liquides ou gazeux...; que la chaleur dilate les corps, etc. ; c'est encore de l'instruction.

EXEMPLES D'ÉDUCATION

Quand on nous fait une leçon de morale, quand on nous apprend à aimer le bien et à détester le mal, à être bon, juste et charitable envers les autres, c'est travailler à notre éducation.

Les exemples, les conseils de nos parents et de nos maîtres contribuent aussi à notre éducation.

* * *

L'instruction suffit-elle sans éducation? — Non, certes; car mieux vaut être un honnête homme qu'un homme savant.

L'éducation peut-elle se passer de l'instruction? — A la rigueur, oui. On rencontre parfois des ignorants qui sont de très honnêtes gens; cependant, il est plus rare de trouver le vice chez un homme instruit que chez un ignorant.

TRENTE-SIXIÈME LEÇON

NÉCESSITÉ DE L'INSTRUCTION

L'ignorance du bien est souvent la cause du mal.

Nous devons nous instruire :

Par *devoir ;*
Par *intérêt.*

Ici, l'intérêt se trouve d'accord avec le devoir.

1° **Par devoir.** — En travaillant en classe, en nous instruisant, nous remplissons nos devoirs envers nos parents et envers notre maître.

Nous remplissons aussi notre premier devoir envers la patrie, qui a le droit d'exiger de nous d'être plus tard des citoyens éclairés et instruits.

Dans un pays libre comme la France, où le suffrage universel est souverain, il est de toute nécessité que le peuple soit instruit. Les citoyens suffisamment éclairés peuvent seuls exercer librement leurs droits d'une manière utile à leur pays.

La loi du 28 mars 1882 a rendu en France l'instruction obligatoire.

2° **Par intérêt.** — Aujourd'hui, on ne conteste plus la nécessité de l'instruction. Dans toutes les professions, elle est utile, nécessaire même : l'ouvrier instruit est de beaucoup plus habile que l'ouvrier ignorant ; les patrons le recherchent ; il gagne davantage. Le cultivateur instruit dirige mieux sa culture que le laboureur routinier.

L'instruction est la condition indispensable pour réussir dans la vie.

Non seulement on acquiert des connaissances par l'étude, mais on développe aussi son intelligence.

En nous instruisant, nous devenons utiles à nous-mêmes et aux autres.

EXEMPLE

Jean est un fermier ignorant : ses procédés sont routiniers. Comme il ne sait pas écrire, — car son père, trouvant qu'il en saurait toujours assez pour diriger la charrue, a négligé de l'envoyer à l'école, — il lui est impossible de tenir sa comptabilité : il est [illegible] de s'en rapporter à sa mémoire, qui bien souvent lui fait défaut.

Bien qu'il soit travailleur, au bout de quelques années il est ruiné.

Jacques, son successeur, est un garçon intelligent, qui a suivi les cours d'une ferme-école.

De ce que Jean s'est ruiné, on conclut que le nouveau fermier court aussi à un désastre prochain. Jacques abandonne les vieilles routines. Comme il sait un peu de chimie, il analyse ses terres, voit les cultures qui leur conviennent le mieux, les amendements qu'il faut y ajouter, etc. Telle partie de la ferme est drainée, telle autre irriguée, une troisième amendée.

Au bout de quelques années, les cultivateurs du voisinage sont émerveillés devant les belles récoltes de Jacques, là où autrefois on ne voyait que des friches ou des plantes aquatiques.

Pour peu, ils crieraient à la magie. Au lieu de croire aux sortilèges, qu'ils imitent ce cultivateur intelligent, et, comme lui, ils s'enrichiront là où d'autres se sont appauvris ; car, aujourd'hui, Jacques est le plus riche cultivateur du canton.

Lire : « Utilité de l'instruction. » (Bruno, *le Tour de la France*, page 81.)

TRENTE-SEPTIÈME LEÇON

DEVOIRS DE L'ENFANT A L'ÉCOLE

Fréquenter régulièrement l'école, c'est déjà obéir à la loi.

Ne pas aller en classe, c'est violer la loi.

En classe, le jeune écolier a des devoirs et des droits, des devoirs surtout.

L'écolier a des devoirs :

1° Envers *lui-même ;*
2° Envers son *maître ;*
3° Envers ses *camarades.*

1° Envers lui-même.

Envers lui-même, l'écolier a deux devoirs à remplir, qui sont :

1° L'*assiduité ;*
2° L'*application.*

1° Assiduité. — La fréquentation régulière à l'école est obligatoire pour tous les enfants de six à treize ans, de par la loi du 28 mars 1882, qui a établi des pénalités contre les parents dont les enfants ont manqué plus de trois classes pendant le mois.

Sans l'assiduité, il n'y a pas de progrès possibles. Cette vérité est tellement évidente que l'on se demande à quoi tient l'aberration de certains parents qui n'envoient leurs enfants en classe que deux ou trois fois par semaine. Est-il admissible que ces derniers puissent profiter des leçons auxquelles ils n'ont pas assisté et comprendre celles qui suivent et qui en découlent?

2° Application. — Fréquenter régulièrement l'école, c'est bien ; mais ce n'est pas suffisant. Nous devons nous y appliquer de toutes nos forces, y donner une somme de travail en rapport avec notre intelligence. Et cela, comme nous le disions dans la leçon précédente, d'abord par *devoir*, ensuite dans *notre propre intérêt*, et enfin dans l'*intérêt général*.

EXEMPLES

Pierre manque souvent, trop souvent, la classe, soit qu'il fasse un peu l'école buissonnière, soit que ses parents l'occupent à la maison. Vous vous rappelez sa réponse quand je lui demandai les causes de sa dernière absence : « Je faisais le ménage... Je gardais ma petite sœur... »

Aider sa mère dans les travaux du ménage, c'est bien ; garder sa petite sœur, c'est aussi très bien. Mais le devoir de s'instruire doit passer le premier, car, avec un peu de bonne volonté, la mère de Pierre pouvait se dispenser de l'aide de son fils.

Pierre est coupable : il manque à son devoir. Ses parents le sont doublement : ils violent la loi et ils apprennent à leur fils à ne pas la respecter. En outre, ils sont de mauvais parents, puisqu'ils ne comprennent pas l'intérêt de leur enfant.

* * *

Votre ami Louis est intelligent ; il a la mémoire heureuse, et cependant je l'aperçois le dernier de sa division, tandis que Georges, moins bien doué que lui, tient le premier rang.

Pourquoi donc? N'est-ce point le contraire qui devrait être? Le classement ne vous paraît-il pas fait avec partialité?

Votre sourire, mes amis, m'indique votre réponse. En effet, Louis, malgré les heureuses qualités dont la nature l'a doué, doit être le dernier, parce qu'il est paresseux, parce qu'il ne donne pas la somme de travail dont il est capable. On est en droit d'exiger de lui plus que de Georges, qui, par son application et son labeur, réussit beaucoup mieux que Louis.

Louis a cependant un excellent cœur; c'est un bon camarade : vous l'aimez bien, et lui-même vous aime. Il aime aussi ses parents et son maître, du moins, je le crois. En faisant le paresseux en classe, il paraît ignorer qu'il manque à son devoir envers ses parents, son maître et sa patrie.

Lire : « Ce que la France fait pour l'instruction de ses enfants. » BRUNO, *le Tour de la France*, page 43.)

« Avantages de l'instruction obligatoire. » (BRUNO, *les Enfants de Marcel*, page 68.)

TRENTE-HUITIÈME LEÇON

2° Devoirs de l'écolier envers son maître.

« Celui qui instruit est un second père. »

Notre éducation ne se fait pas seulement dans la famille, mais aussi à l'école, où l'on nous donne encore l'instruction.

Nos devoirs envers notre maître sont :

1° L'*obéissance*;
2° Le *respect*;
3° L'*affection et la reconnaissance.*

1° Obéissance au maître.

Nous devons obéir à notre maître :

1° Par *devoir ;*
2° Par *intérêt.*

Ici encore, le devoir se trouve d'accord avec notre intérêt.

1° Nous devons lui obéir par devoir :

1° Parce qu'il représente la *famille ;*
2° Parce qu'il représente l'*État ;*
3° Parce qu'il *a le droit de commander.*

Les bons parents veulent toujours que leurs enfants soient plus instruits qu'ils ne le sont eux-mêmes. Aussi les confient-ils à un homme instruit et honnête, ayant de l'expérience et connaissant la manière d'enseigner aux enfants. Donc le maître supplée nos parents dans la tâche de nous instruire, parce qu'ils n'ont pas le loisir ou qu'ils ne possèdent pas la science suffisante pour s'en acquitter. Conséquemment, il est le représentant, le délégué des pères de famille. Nous lui devons donc obéissance comme à notre père.

Notre maître est aussi un magistrat de l'Etat : c'est la France elle-même qui le nomme pour combattre l'ignorance comme un mal public ; car l'ignorant ne peut se suffire : il tombe à la charge d'autrui ; il ne fera pas un bon soldat et sera un citoyen incapable.

Représentant la famille et l'État, notre maître a les droits que lui donne cette double délégation, entre autres celui de commander.

Comment pourrait-il d'ailleurs remplir la délicate mission qui lui est confiée, s'il ne pouvait compter sur l'obéissance de ceux qui en sont l'objet ?

TRENTE-NEUVIÈME LEÇON

Obéissance au maître (*fin*).

« Celui qui ne sait pas obéir ne sera jamais digne de commander. »

2° Nous devons lui obéir par intérêt. — Il est de notre intérêt d'obéir à notre maître, puisque notre instruction est à ce prix, qu'elle est subordonnée à notre plus ou moins de docilité et que nous ne voulons pas être des ignorants inutiles et à charge à la société ; nous voulons au contraire suffire à nos besoins, devenir des citoyens capables et faire de bons soldats.

Cette obéissance pourra nous sembler pénible en certains cas. Elle n'en sera que plus efficace pour notre amélioration morale, et partant plus méritoire.

Écoutons attentivement les leçons du maître ; faisons avec soin tous nos devoirs. Que notre travail et notre obéissance lui facilitent l'accomplissement de sa mission.

Ce que doit être l'obéissance à notre maître. — Puisqu'il représente notre père, l'obéissance que nous lui devons doit être celle qui est due à nos parents, c'est-à-dire *prompte* et *empressée*, car obéir en hésitant, en murmurant, n'est plus obéir.

Nous ne devons pas non plus lui obéir par crainte d'une punition. Notre obéissance doit être *volontaire ;* elle le sera, d'ailleurs, si nous aimons notre maître et si, comme nous le devons, nous nous appliquons à lui faire plaisir.

EXEMPLE

J'ai connu un élève du nom de Clément, qui n'aimait point à obéir ni à ses parents ni à l'instituteur. Celui-ci était tout désolé d'avoir un semblable élève. Clément ne prêtait qu'une oreille fort distraite aux leçons; ses devoirs n'étaient jamais faits. En un mot, c'était non seulement un élève désobéissant, mais aussi paresseux.

« A quoi me servirait de connaître l'histoire de France?... Qu'est-ce que cela peut me faire que Bordeaux soit sur la Garonne ou sur le Rhône, que Montmédy soit dans la Meuse ou dans les Ardennes?... disait Clément; cela m'importe peu. »

Depuis notre sortie de l'école, j'ai eu l'occasion de le rencontrer, et j'ai vu le pauvre garçon regretter amèrement son ignorance. Il n'a jamais pu être qu'un simple ouvrier, gagnant péniblement sa vie à de rudes travaux.

« Ah! si j'avais su quand j'étais jeune! me disait-il, il y a quelques jours encore. Si j'avais suivi les bons conseils de notre maître, écouté ses leçons et travaillé comme j'aurais dû le faire, je gagnerais plus facilement ma vie : je serais contremaître ou chef d'atelier, tandis que je suis et ne serai jamais qu'un simple manœuvre poussant la brouette! »

Courage, mes enfants, et quand l'étude vous ennuie un peu, songez aux regrets que se préparent les paresseux comme Clément.

QUARANTIÈME LEÇON

2° Respect dû au maître.

Après nos parents, notre instituteur est l'homme que nous devons le plus honorer et respecter.

Nous devons le respect à notre maître :

1° Parce qu'il représente nos *parents* et l'*État*;

2° Parce qu'il nous est supérieur par l'*âge* et par la *science*.

Nous lui témoignerons notre respect par notre bonne tenue en classe, par nos paroles, par nos actions, par notre travail, par notre conduite en général.

Nous ne devons point le traiter familièrement comme un camarade, ni le contredire, ni refuser de le croire quand il nous dit quelque chose. C'est très poliment que nous lui demanderons les explications dont nous pouvons avoir besoin.

Ne pensons et surtout ne disons jamais de mal de lui. Ne voyons que ses qualités, son amour pour nous, les fatigues qu'il s'impose à notre intention. Après la vie et la santé, l'instruction et l'éducation sont les plus grands de tous les biens, et ce sont précisément ceux qu'il nous prodigue.

Nous devons le respecter non seulement à l'école, mais aussi dans la rue, en le saluant mieux que nous ne le faisons pour d'autres personnes, et aussi dans la famille lorsque nous parlons de lui.

Ce respect doit durer toute la vie.

EXEMPLE

Alfred n'a pas écouté la leçon; aussi se trouve-t-il bien ennuyé quand il s'agit de faire le devoir s'y rapportant.

Le maître l'oblige à refaire, après la classe, le même devoir, qui lui est expliqué de nouveau.

Alfred avait projeté avec ses petits cousins une bonne partie au jardin de son oncle; aussi est-il très mécontent. De colère, il froisse son cahier, jette son porte-plume à terre et s'écrie : « Je ne resterai pas à quatre heures... Je ne ferai point ma punition ! »

Le maître a tout vu, tout entendu; mais il continue la leçon comme si rien n'était.

La classe terminée, la colère d'Alfred est calmée; il a eu le temps de réfléchir sur sa conduite et il paraît animé de repentir.

« Vous n'avez point fait votre devoir, Alfred, dit le maître, parce que, m'avez-vous dit, vous le trouviez trop difficile. Mais pourquoi vos camarades n'ont-ils point rencontré de difficultés et l'ont-ils terminé? C'est qu'ils ont prêté une oreille attentive à la leçon, tandis que vous pensiez à autre chose.

Etiez-vous libre d'écouter? Et saviez-vous que vous deviez le faire?

— Oui, Monsieur, répond Alfred.

— Donc vous êtes responsable et méritez la punition donnée.

Mais là n'est point la faute la plus grave. Tout à l'heure, vous vous êtes mis en colère et avez manqué au respect que vous devez à votre instituteur; en outre, vous avez donné un mauvais exemple à vos petits camarades.

— Je regrette ce que j'ai fait, Monsieur, et je vous en demande bien pardon, dit Alfred tout en pleurs.

— Je crois votre repentir sincère; aussi, pour cette fois, je veux bien ne pas vous punir; mais n'oubliez pas, mon enfant, que la colère est toujours mauvaise conseillère, qu'elle nous fait toujours manquer à nos devoirs et que, toujours aussi, elle est suivie de remords et de regrets. »

QUARANTE ET UNIÈME LEÇON

3° Affection et reconnaissance au maître.

L'ingratitude est un oubli volontaire des bienfaits reçus, c'est la plus grande des injustices.

Il est juste d'aimer ceux qui nous aiment. Comment ne pas témoigner de l'affection à notre maître, en retour de celle dont journellement il nous donne des preuves? Nous formons pour lui comme une famille d'adoption, dont il est le père.

Nous causons beaucoup de mal, beaucoup de soucis à notre instituteur; nous l'affligeons sans cesse par nos étourderies, par nos légèretés, par nos fautes ; aussi mérite-t-il de notre part beaucoup de reconnaissance, et une reconnaissance durable pour les biens précieux qu'il nous donne.

N'oublions jamais que si nous devenons des hommes, des citoyens, de bons Français en un mot, c'est à notre instituteur que nous le devons.

Comment nous lui prouverons notre reconnaissance : 1° Dès aujourd'hui. — Nous lui témoignerons notre reconnaissance dès aujourd'hui par notre travail en classe et notre bonne conduite non seulement à l'école, mais aussi dans la famille et dans les rues.

2° *Plus tard.* — Plus tard, quand depuis longtemps nous aurons quitté l'école, nous lui témoignerons encore notre gratitude en lui demandant des conseils ; en lui attribuant nos succès dans la vie ; en faisant publiquement son éloge ; en prenant sa défense si, par hasard, il se trouvait calomnié.

EXEMPLE

Carnot fut un des hommes qui ont fait le plus d'honneur à la Révolution française. Il mit au service de la France un courage à toute épreuve et les ressources d'un admirable génie militaire; aussi l'a-t-on surnommé « l'Organisateur de la victoire ».

Parvenu aux honneurs, il n'oublia jamais Nolay, sa petite ville natale.

Un jour, il s'arracha à ses importants travaux pour revoir les lieux où s'était écoulée son enfance.

Il monta le chemin qui mène à l'école, où il eut le bonheur de retrouver son vieux maître, qui enseignait encore aux petits enfants.

Il se jeta à son cou, et, le montrant aux jeunes garçons qui l'entouraient : « Voilà, dit-il, après mes parents, l'homme à qui je dois le plus ; voilà mon second père. C'est de lui que j'ai appris à connaître et à aimer la France.

» Gloire à la France et honneur à votre instituteur qui en est le représentant. »

Enfants, aimez donc l'école, afin d'aimer un jour la patrie. Respectons, chérissons l'instituteur qui s'applique à faire de nous des citoyens utiles, honnêtes et dévoués.

Lire : « Retour à la ville natale », visite à l'instituteur. (BRUNO, *le Tour de la France*, page 275.)

QUARANTE-DEUXIÈME LEÇON

IIIᵉ Devoirs de l'écolier envers ses camarades.

La fraternité existe à l'école comme dans la famille.

L'école, avons-nous dit, est une famille. Si, dans la famille, des devoirs réciproques existent entre frères et sœurs, à l'école, nous avons aussi des devoirs envers nos camarades.

Ces devoirs sont :

1° L'*affection* ;
2° La *confiance* ;
3° Le *bon exemple* ;
4° L'*aide* et la *protection* envers les plus faibles.

1° Affection

« **Tout camarade est un ami en espérance.** » (G. COMPAYRÉ.)

Si deux individus éprouvent le même sentiment pour une même chose, c'est là une source des bonnes relations, des rapports affectueux qui s'établissent entre eux. Les enfants n'échappent point à cette loi. Il semble même qu'elle leur soit plus applicable qu'aux personnes d'un âge mûr.

Les enfants d'une même famille aiment les mêmes parents, habitent la même maison, etc.; les écoliers aiment les mêmes jeux, ont le même maître, étudient côte à côte. Par conséquent, il existe entre eux un courant de sympathie, d'affection.

Nous aimons tous nos camarades, c'est vrai, mais à des degrés différents. Il y en a qui nous plaisent mieux les uns que les autres et que pour cela nous préférons. Ils sont de notre âge, jouent plus volontiers avec nous, sont nos voisins sur les bancs de l'école: ceux-là sont des camarades et pourront devenir des amis.

Toutefois, soyons prudents dans le choix de nos amis : qu'ils soient bons fils et bons élèves. Ne donnons point notre amitié aux méchants.

Mais ce n'est pas suffisant de choisir nos camarades, il faut surtout savoir les garder : être constamment en bons termes avec eux, leur faire des concessions, c'est-à-dire leur sacrifier nos impatiences, nos caprices; en un mot, être justes et bons à leur égard.

EXEMPLES

Hier, Victor et Alfred allaient s'amuser.

« Jouons aux billes! dit Victor, qui est passionné pour ce jeu.

— Non, réplique Alfred, jouons plutôt au « Pigeon vole ».

— Soit, repartit Victor; mais, si tu le veux, après nous ferons aussi une partie de billes. »

Et les deux enfants s'amusèrent bien pendant toute la durée de la récréation.

Ne firent-ils pas mieux que ces deux autres petits garçons,

à qui on avait donné la permission de s'amuser pendant une demi-heure? Ils sont bien d'avis de jouer aux soldats, mais tous deux veulent commander d'abord et personne ne consent à obéir le premier.

Aucun ne fait de concession et ils passent la demi-heure, sans s'amuser, à discuter sur le droit de commander le premier.

Lire : « Julien et le jeune vannier Jean-Joseph. » (BRUNO, *le Tour de la France*, page 132.)

QUARANTE-TROISIÈME LEÇON

2° Confiance.

Si nous n'avons pas confiance en nos camarades, comment voudrions-nous qu'ils aient confiance en nous !

Nous nous fions à nos frères et à nos sœurs, de même devons-nous avoir confiance en nos camarades.

Sans la confiance mutuelle, pas de camaraderie possible, pas de véritable école possible non plus.

La confiance fait naître la confiance, et l'amitié engendre l'amitié.

La confiance dans autrui est le respect de la dignité humaine.

3° Bon exemple.

« Si le mauvais exemple est pernicieux, l'exemple du bien a une force beaucoup plus grande. »

Nous cherchons toujours à imiter les autres, généralement ceux plus grands que nous. Quand nous

nous conduisons mal en classe, nous sommes donc doublement coupables : d'abord parce que nous manquons à notre devoir ; ensuite, parce que nous serons peut-être la cause que nos jeunes camarades nous imiteront.

Le bon exemple est un devoir que nous devons remplir à l'école, comme nous le remplissons déjà dans la famille à l'égard de nos plus jeunes frères et sœurs, et comme plus tard nous le remplirons dans la société, si nous voulons être un honnête homme et un bon citoyen.

EXEMPLES

Un mauvais élève, qui se fait punir en classe, qui manque de respect au maître, finit par détourner du bien quelques-uns de ses camarades : ceux-ci pourront devenir aussi détestables que lui, bien que, dans le fond, ils ne soient pas méchants.

Vous êtes-vous déjà demandé à quoi cela tient?... Cela tient à la force du *mauvais exemple*. Il est vrai que ce mauvais exemple n'a d'influence que sur les natures faibles ou déjà prédisposées au mal.

Or, je suis persuadé que nul d'entre vous ne voudrait passer pour un enfant sans énergie, sans volonté ou qui ait des tendances au vice. C'est pourquoi vous ne vous laisserez jamais influencer par le mauvais exemple et vous n'imiterez pas les mauvais élèves.

*
* *

Un de vos camarades vient de réussir à l'examen du certificat d'études primaires. « Qu'il est heureux! dites-vous. Quelle satisfaction pour ses parents! Je voudrais bien être à sa place! » Et vous êtes tout remplis du désir de vous instruire, afin de réussir à votre tour l'an prochain.

QUARANTE-QUATRIÈME LEÇON

4° Aide et protection envers les plus faibles.

Aider et protéger les plus faibles, c'est pratiquer la charité.

Soyons bons et bienveillants à l'égard de tous nos camarades.

Recherchons donc toutes les occasions possibles de leur faire plaisir, de leur venir en aide, non parce que nous espérons d'eux une pareille obligeance, — ce serait de la charité intéressée, — mais parce que c'est obéir au devoir et en même temps se donner la plus douce satisfaction.

Le malheur de nos camarades ne nous laissera pas insensibles : compatissons à leurs peines comme nous prenons part à leurs joies.

Aidons-les dans leur travail de classe, sans toutefois manquer au règlement.

Mais, pour obliger un camarade, ne faisons pas de choses défendues, telles que lui passer notre composition pour qu'il la copie, lui faire son devoir, mentir pour le disculper, etc. Nous ne devons, en un mot, aider un camarade que dans la limite des choses permises.

En classe, rendons-nous de petits services ; il convient de se prêter une plume, un crayon, etc.

N'abusons jamais de notre force envers un plus faible, ce serait de la lâcheté; prenons, au contraire, la défense des plus petits.

EXEMPLES

Votre camarade vous demande votre feuille de composition pour la copier. Pourquoi devez-vous la lui refuser?

Parce que ce serait tromper le maître, ce qui est mal.

Ce serait voler des places à des camarades qui ont mieux travaillé que le voisin, ce qui serait une injustice.

Ce serait en outre lui rendre un très mauvais service, en favorisant sa paresse.

*
* *

Quelle conduite devez-vous tenir quand un camarade vous prie de lui faire son devoir?

Vous devez vous y refuser, parce que ce serait encore tromper le maître, qui lui adresserait des éloges qu'il n'a pas mérités. Ce serait aussi rendre un mauvais service à votre camarade.

Vous devez lui expliquer de votre mieux la leçon qu'il n'a pas comprise et l'aider dans son travail, mais ne pas le lui faire.

QUARANTE-CINQUIÈME LEÇON

L'ÉMULATION

L'émulation est une qualité; la jalousie, un défaut.

Nous savons que les paresseux sont des sots, puisqu'en fin de compte, ils sont obligés de travailler autant que les autres, et ne retirent pas le même avantage de leur travail, D'un autre côté, ils manquent à leur devoir et ne contentent ni leurs parents ni leur maître.

Ne nous résignons point à être toujours les derniers; mais ne jalousons point non plus ceux qui font mieux que nous ; efforçons-nous, au contraire, de les imiter. Sans être jaloux, nous pouvons, nous devons désirer d'être placés parmi les premiers et les meilleurs de nos camarades. A l'école doit régner l'esprit d'émulation, qui est le désir d'égaler ou de surpasser les autres : « L'émulation est une belle qualité, l'envie est un défaut très laid[1]. »

EXEMPLE

Louis et Valentin sont de bons élèves. Voyez-les en classe, avec quelle ardeur ils travaillent! Leurs leçons sont toujours sues, leurs devoirs toujours bien faits.

Une noble émulation règne parmi eux, car l'un et l'autre désirent la première place de leur division ; mais aussi nulle trace de jalousie. Le classement donné, le premier travaille de son mieux pour conserver sa place, les efforts du second tendent à y atteindre à son tour.

Et cependant ils s'aiment bien tous deux et ne laissent jamais percer le moindre sentiment de jalousie.

QUARANTE-SIXIÈME LEÇON

DÉFAUTS A ÉVITER EN CLASSE

Les défauts qu'il convient d'éviter en classe sont :

1° La *jalousie;*
2° L'*hypocrisie ;*
3° La *délation.*

1° Jalousie.

La jalousie rend malheureux celui qui en est atteint.

Puisque la fraternité existe à l'école, nous devons nous réjouir de ce qu'il arrive d'heureux à nos camarades et non les jalouser de leurs succès.

1. Ch. Dupuy.

Soyons justes et sachons rendre à chacun ce qu'il mérite. La jalousie est un chagrin ressenti à la vue du bonheur ou de la supériorité d'autrui; elle est opposée à la fraternité; de plus, elle rend malheureux celui qui en est atteint : il se consume et se mine dans sa passion malveillante.

2° Hypocrisie.

« Faute avouée est à moitié pardonnée. »

Si nous commettons une faute, avouons-la franchement et surtout ne laissons point punir un camarade pour nous.

Il faut être franc et loyal. Il ne faut jamais dissimuler : la *dissimulation* est le commencement de l'*hypocrisie*, un des plus laids parmi les vices.

L'hypocrisie est un vice qui consiste à feindre une piété, une vertu, un sentiment qu'on n'a pas.

EXEMPLE

En lançant sa balle, Germain a cassé un carreau. Je n'avais rien vu; mais il est venu se dénoncer lui-même, me priant de l'excuser. Je ne l'ai pas grondé, je l'ai félicité de sa franchise.

Le meilleur moyen de se faire pardonner une faute, c'est de l'avouer et de la réparer. Se cacher est une lâcheté et une petite malhonnêteté.

Si Germain s'était tu, il se serait montré indigne de la confiance que je mets en vous tous, comme en d'honnêtes garçons; il risquait en outre de laisser punir ou au moins soupçonner un innocent.

3° Délation.

La délation est presque de la calomnie.

La délation n'est pas un mensonge, puisqu'elle consiste à affirmer des faits certains, mais de nature à nuire à ceux qui en sont les auteurs; elle se rapproche cependant de la calomnie en ce sens qu'elle produit des effets analogues. Gardons le silence sur ce que nous avons vu, quand le récit de ces faits peut nuire aux autres, à moins toutefois que l'honneur et le devoir ne nous commandent de parler.

EXEMPLE

« Monsieur, André copie sur moi! » s'écrie Cyprien pendant qu'on faisait une dictée.

« Cyprien, répond le maître, la faute d'André n'est pas bien grave; il ferait cependant mieux d'avoir confiance en lui et de chercher à faire seul son travail, plutôt que d'essayer de copier.

» Mais votre faute à vous, Cyprien, est très blâmable. Il est toujours mal de *dénoncer* les vilaines actions des autres, et vous savez que je n'aime point les petits rapporteurs. Ce que vous venez de faire là s'appellerait, dans d'autres circonstances, un acte de trahison, d'espionnage ou de délation. »

QUARANTE-SEPTIÈME LEÇON

L'ÉCOLE PRÉPARE LA VIE SOCIALE

Le bon écolier prépare le bon citoyen; le bon camarade deviendra l'honnête homme.

C'est à l'école qu'on apprend ce qu'il n'est pas permis à un citoyen d'ignorer.

A l'école règne l'émulation, comme plus tard, dans la vie, il y aura émulation entre ouvriers et gens de cœur.

A l'école se développe l'esprit de sociabilité et

naissent ces liaisons de camaraderie qui, plus tard, pourront devenir une amitié durable.

Si, à l'école, l'enfant choisit ses camarades, il doit néanmoins se montrer bienveillant pour tous ses condisciples; de même, plus tard, il donnera son amitié à ceux qui lui plairont le plus et qui en seront le plus dignes, mais aussi il devra être bienveillant à l'égard de tous les hommes.

Cette vie en commun détruit chez l'enfant l'apathie et l'orgueil, vices que trop souvent contracte l'enfant élevé dans la famille.

Les taquineries entre égaux exercent parfois une heureuse influence sur la formation du caractère. Il n'est pas rare de voir, par exemple, un élève se guérir des accès de bouderie ou de colère auxquels il était sujet.

A l'école, on apprend à être juste et bon à l'égard des égaux, à obéir à un supérieur et à respecter l'autorité du maître, pour être plus tard juste et bon envers les autres hommes, soumis aux lois et respectueux envers les supérieurs.

A l'école, on recherche la compagnie des enfants complaisants et bons; on évite au contraire les taquins, les égoïstes, les méchants. Dans la société, on aime les hommes doux, justes et charitables, et on fuit le brutal, l'hypocrite, l'égoïste.

A l'école, ce n'est pas toujours l'élève le plus intelligent qui réussit le mieux, mais souvent le plus laborieux. Dans la vie aussi, c'est par le travail, par l'effort continu, par la persévérance enfin, qu'on est assuré du succès.

C'est donc bien à l'école que l'enfant fait l'apprentissage des exigences et des difficultés qu'il rencontrera dans la vie.

Prenons donc de bonnes habitudes à l'école, si nous voulons devenir des hommes honnêtes, justes et bons, car le bon écolier prépare le bon citoyen.

Lire : « L'école », par Laboulaye. (LEBAIGUE, *le Livre de l'école*, cours moyen, page 2.)

Lire les notes des pages 13 et 14. (LEBAIGUE, *le Livre de l'école*, cours moyen.)

QUARANTE-HUITIÈME LEÇON

DEVOIRS DE L'INSTITUTEUR ENVERS SES ÉLÈVES

« **Tant vaut le maître, tant vaut l'école.** »

Si l'écolier a des devoirs envers l'instituteur, celui-ci, à son tour, a des devoirs envers l'écolier.

Comme représentant du père de famille, il a, à l'égard des élèves, des devoirs analogues à ceux du père envers ses enfants. Il doit les aimer, les traiter avec douceur, les corriger de leurs défauts, faire naître et développer en eux les vertus, leur faire aimer le bien et détester le mal.

Comme représentant de l'Etat, il doit les instruire et en faire des citoyens éclairés, dévoués et honnêtes.

Il doit respecter en eux la dignité humaine, les considérer comme des êtres raisonnables, de futurs hommes.

Il ne doit pas montrer d'impatience ni d'humeur.

Les punitions seront infligées et les récompenses données avec justice et discernement.

Le maître ne doit point avoir de préférences pour quelques-uns de ses élèves : tous ont également droit à ses soins. S'il lui était permis de marquer une préférence, ce devrait être plutôt pour les moins favorisés de la nature ou de la fortune.

Dans son enseignement, il doit éviter de faire des personnalités, éviter aussi tout ce qui pourrait froisser les croyances ou les opinions des familles.

En un mot, l'instituteur doit être pour ses élèves un modèle vivant.

QUARANTE-NEUVIÈME LEÇON

RÉSUMÉ DES DEVOIRS DE L'ENFANT A L'ÉCOLE

« **Tant vaut l'écolier, tant vaut l'homme.** »

Devoirs de l'enfant à l'école.	1° Envers lui-même.	1° Assiduité.	1° Par devoir. — Obligation d'aller à l'école (loi du 28 mars 1882). 2° Par intérêt. — Sans fréquentation régulière, pas de progrès possibles.
		2° Application.	1° Suivre attentivement les leçons du maître. 2° Faire avec soin les devoirs donnés.

Devoirs de l'enfant à l'école (*Suite*).

- **2° Envers le maître.**
  - 1° Obéissance.
    - 1° Par devoir.
      - Il représente la famille.
      - Il représente l'Etat.
      - Parce qu'il est notre supérieur.
    - 2° Par intérêt. — Sans obéissance, pas de progrès.
    - L'obéissance sera prompte et empressée.
  - 2° Respect.
    - 1° Il représente nos parents et l'Etat.
    - 2° Il nous est supérieur :
      - 1° Par l'âge.
      - 2° Par la science.
  - 3° Affection. Reconnaissance.
    - 1° Pour tout le bien fait à notre intelligence.
    - 2° Pour l'éducation qu'il nous donne.
- **3° Envers les camarades.**
  - 1° Affection.
    - 1° L'école est une grande famille.
    - 2° Nos camarades sont comme nos frères.
  - 2° Confiance.
    - 1° Si nous n'avons pas confiance en nos camarades, comment auraient-ils confiance en nous?
    - 2° Ils sont pour nous comme des frères.
  - 3° Bon exemple.
    - Ayons souci de nous donner mutuellement le bon exemple.
  - 4° Aide et protection.
    - 1° Ne jamais abuser de sa force envers plus faible que soi.
    - 2° Aider ses camarades dans les choses permises.

Qualité recommandable :

- Emulation :
  - Ne pas jalouser ses camarades.
  - S'efforcer de faire aussi bien et, si possible, mieux qu'eux.

Défauts à éviter :

1° L'envie. — Rien de plus laid que de jalouser ceux qui font mieux que nous. La jalousie rend malheureux celui qui en est atteint.

2° L'hypocrisie. — Il faut être : franc ; loyal.

3° La délation. — Dénoncer les autres est le propre de l'hypocrite et du sournois.

Sorti de l'école, l'élève doit compléter son instruction par :

1° La fréquentation des personnes de bon conseil ;
2° La conversation avec des personnes plus instruites que lui ;
3° La lecture des livres choisis avec discernement ;
4° L'assistance aux cours d'adultes ou d'apprentis.

Corrélation des devoirs et des droits de l'enfant à l'école.

Devoirs :	Droits :
Fréquentation régulière à l'école.	Le maître doit l'instruire.
Obéissance au maître.	Le maître ne commande que les choses raisonnables et permises.
Respect au maître.	Le maître représente le père et l'Etat. Il respecte en son élève la dignité humaine.
Affection au maître.	Le maître doit répartir équitablement ses soins à tous.
Reconnaissance au maître.	Le maître doit l'instruire et lui donner une bonne éducation.

IIIe DANS LA RUE

CINQUANTIÈME LEÇON

DEVOIRS DE L'ÉCOLIER DANS LA RUE

L'enfant bien élevé se reconnaît partout, même dans la rue.

L'enfant a des devoirs à remplir non seulement dans la famille et à l'école, mais aussi dans la rue.

Nous ne devons pas courir follement dans les rues afin de ne pas éclabousser les personnes que nous rencontrons. Nous ne devons pas non plus crier : seul l'enfant mal élevé crie dans la rue.

Dans nos jeux, surveillons notre langage autant qu'en présence de nos parents et de nos maîtres ; que jamais une parole grossière ne souille nos lèvres.

N'imitons point ces petits polissons qui taquinent l'âne de la laitière, qui vont tirer les cordons des sonnettes, sous prétexte de faire une bonne grosse farce.

N'écrivons jamais rien ni sur les portes ni sur les murs : écrire quelque chose d'injurieux au coin d'une rue est une lâcheté et une bassesse.

Evitons de dégrader les édifices publics, qui doivent

être sous la protection de tous, puisqu'ils appartiennent à tous.

Ne jetons jamais de pierres; songeons aux accidents qui pourraient en résulter, le moindre serait de casser un carreau qu'il nous faudrait remplacer en prenant sur nos petites économies.

En un mot, ne faisons rien dans la rue de ce dont nous aurions à rougir devant nos parents et nos maîtres.

Quand nous quittons l'école, rentrons chez nous sans courir et sans nous attarder.

Si nous rencontrons une personne de notre connaissance, ou un vieillard, ou un magistrat, saluons-les en ôtant notre casquette ou notre chapeau.

Une personne nous adresse-t-elle la parole, découvrons-nous et répondons-lui très poliment, en ayant soin d'ajouter aux mots *oui* et *non* ceux de *Monsieur* ou de *Madame*.

Si nous jouons dans la rue, mettons-nous dans un endroit où nous ne gênions pas et où les voitures ne passent point, afin d'éviter les accidents. Amusons-nous paisiblement, pour ne pas ennuyer par nos cris les gens du quartier.

RÉSUMÉ

Ce que l'enfant *doit faire* dans la rue :

- Marcher tranquillement sans courir ni s'attarder ;
- Saluer poliment ,
- Se découvrir si une personne lui adresse la parole ;
- Ne jamais crier dans les rues ;
- Céder le pas aux personnes plus âgées que lui.

Ce que l'enfant *ne doit pas faire* dans la rue :

Courir follement;
Eclabousser les passants;
Crier;
Dire des paroles grossières;
Ecrire aux portes;
Tirer les cordons des sonnettes;
Jeter des pierres.

EXEMPLES

Il est 6 heures du soir, et Jules, son sac au dos, bien qu'il soit sorti de l'école depuis deux heures, est encore dans les rues, criant, courant, éclaboussant les passants et jouant avec quelques mauvais sujets qui ne fréquentent plus la classe.

Sa mère avait cependant besoin de lui; elle lui avait recommandé de ne pas s'attarder et de rentrer à la maison dès sa sortie de la classe. Mais Jules aime tant de jouer qu'il a vite oublié la recommandation de sa maman! Si encore il choisissait un peu mieux ses compagnons de jeu!...

Le lendemain, la leçon de morale traitait de la conduite de l'enfant dans la rue. Après nous avoir rappelé nos devoirs, le maître nous raconta un fait qui s'était passé la veille.

Des polissons, ayant trouvé quelques fruits gâtés parmi des ordures, en avaient enduit la devanture d'une boulangerie de la Place. Jules devient rouge comme une pivoine, et sa contenance nous indique qu'il n'est pas étranger à cette mauvaise action.

Après l'avoir grondé comme il méritait de l'être, le maître le punit sévèrement. Il l'envoya faire ses excuses au boulanger, qui l'obligea, à sa grande honte, à nettoyer la devanture de la boulangerie et à subir toutes les moqueries des passants.

Je ne vous dis rien de la rude correction que son père lui infligea.

Nous avons été peinés de la conduite de Jules, car lorsqu'un de nous fait mal, un peu de honte rejaillit sur notre classe, mais il ne s'est trouvé personne pour plaindre Jules. Il avait bien mérité sa punition, et tous nous nous sommes promis de ne pas l'imiter.

*
* *

Il y a quelques années, des enfants s'amusaient, quand, sans aucune mauvaise intention, le jeune Paul lança si maladroitement un fragment d'ardoise, qu'il creva l'œil à son petit camarade Théophile.

Jugez du désespoir du malheureux Paul ! Mais ce n'est pas tout : cet accident, qui avait d'abord causé la perte d'un œil, occasionna une cécité complète, et aujourd'hui le pauvre petit Théophile est aveugle.

Quand, mes enfants, il vous prendra l'envie de jeter des pierres, rappelez-vous cet accident et songez au remords que vous éprouveriez s'il vous arrivait de crever un œil à un de vos camarades !

L'affaire fut portée devant le tribunal civil de première instance, puis à la cour d'appel de N., qui rendit un jugement, confirmé par la cour de cassation, condamnant le père de Paul à payer tous les frais et à faire au malheureux Théophile, sa vie durant, une rente annuelle.

Mais tout cela ne lui rendait pas les deux bons yeux qu'il avait perdus.

CHAPITRE IV

LA SOCIÉTÉ

CINQUANTE ET UNIÈME LEÇON

NÉCESSITÉ DE LA SOCIÉTÉ

« **Malheur à celui qui est seul.** » (Paroles de l'Ecriture.)

L'homme recherche la société de ses semblables : il est naturellement sociable.

Cet instinct de la sociabilité est si puissant que l'isolement absolu est un des plus durs châtiments qu'on puisse lui imposer.

La première société a été fondée :

Par la *nature*
et par la *nécessité*.

Les premiers hommes vivaient par familles, formant une tribu, un clan. Ces tribus se faisaient la guerre entre elles. Pour se défendre contre les attaques d'autres tribus, plusieurs clans, réunis en peuplades, firent alliance entre eux. Et bientôt, la famille, devenue trop étroite, donna naissance à la *patrie*. Enfin, *l'humanité* tout entière forma une dernière société, dont nous sommes tous membres, sans cesser d'appartenir à notre pays.

Pour maintenir l'ordre et la sécurité dans une nation ou patrie, les sentiments naturels furent insuffisants. On établit alors des conventions, des règles auxquelles tous durent s'astreindre : telles choses furent permises, telles autres défendues.

D'où les lois civiles.

Une société est une réunion d'individus ayant les mêmes coutumes, les mêmes intérêts et parlant la même langue.

Rappelez-vous l'ennui que vous éprouviez jeudi dernier parce que le mauvais temps vous empêchait d'aller retrouver vos camarades, et cependant vous n'étiez pas complètement seul.

Sans le secours de la société, l'homme ne mènerait qu'une vie misérable ; il manquerait de tout ; il serait réduit à l'état de l'animal.

Lire : « Les sociétés primitives. » (Bruno, *les Enfants de Marcel*, page 213.)

CINQUANTE-DEUXIÈME LEÇON

AVANTAGES DE LA SOCIÉTÉ

L'homme ne peut vivre qu'en société.

La société est donc *nécessaire;* de plus, elle procure aux hommes de nombreux *avantages*.

La société nous procure des avantages :

Matériels,
Intellectuels,
Moraux.

1° **Avantages matériels.** — L'homme, membre d'une société organisée, jouit non seulement du fruit de son travail, mais encore de celui des autres. Son bien-être s'accroît par l'union des forces de tous et par la facilité du travail en commun.

La *division du travail* permet une production plus rapide et plus soignée.

2° **Avantages intellectuels.** — Sans la société, il n'y aurait ni science, ni expérience. Nous resterions ignorants, ou nous devrions recommencer tout ce qui a été fait avant nous, ce qui, de tous points, est impossible.

Chacun profite des efforts de tous. Les générations se suivent, se léguant le patrimoine intellectuel qu'elles ont acquis. Voilà la source du *progrès*.

3° **Avantages moraux.** — L'homme isolé est sauvage, farouche, méchant; il retombe dans la barbarie.

En vivant au contact des autres, l'homme voit ses mœurs s'adoucir et le progrès moral se développer. La *fraternité* s'est faite entre tous les hommes, et les luttes, les agressions, le pillage, l'incendie disparaissent ou du moins sont de rares exceptions.

EXEMPLES

Rappelez-vous les angoisses et les tortures de Robinson Crusoé échoué dans une île déserte?... Tout ce qui le fait vivre, ne l'a-t-il pas tiré des débris du vaisseau naufragé?...

Son plus beau jour n'est-il pas celui où il sauve Vendredi pour en faire son compagnon?

*
* *

Réfléchissez à ce que coûtent de travaux différents le morceau de pain que vous mangez, le vêtement qui vous garantit du froid, etc.

Supposez, pour un instant, comme l'a fait M. Sully-Prudhomme, dans *Un songe*, supposez-vous seul au monde, obligé de pourvoir à tous vos besoins, et voyez combien vous seriez malheureux et combien misérable serait votre vie, si tant est que vous puissiez vivre? (Voir *le Livre de l'école*, cours supérieur, page 16.)

*
* *

Si aujourd'hui on connaît les lois de la physique et leurs applications, n'est-ce pas à la société qu'on le doit?

Si votre localité est éclairée par l'électricité, si un chemin de fer la dessert, si le télégraphe transmet les dépêches aussi vite que la pensée, n'est-ce pas encore à la société qu'on le doit?

Si chacun avait travaillé de son côté et conservé le secret de ses découvertes, serait-on jamais arrivé aux belles inventions du dix-neuvième siècle?

*
* *

C'est par humanité qu'on a aboli la torture et l'esclavage.

La Convention de Genève est un résultat moral de la société. Les nations européennes ont résolu non seulement d'épargner les blessés, mais aussi de les soigner.

Lire : « La société et ses avantages. » (BRUNO, *les Enfants de Marcel*, page 243.)

« A un oisif », Thomas. (LEDAIGUE, *le Livre de l'école*, cours moyen, page 18.)

CINQUANTE-TROISIÈME LEÇON

LA JUSTICE DANS LA SOCIÉTÉ

« Ne faites pas à autrui ce que vous ne voudriez pas qu'on vous fît. »

Les devoirs de l'homme se ramènent à deux obligations :

Respect de la dignité humaine;
Désintéressement.

Dans la société, le respect de la dignité humaine donne naissance à la *justice;* le désintéressement, à la *charité.*

La justice consiste à donner à chacun ce qui lui est dû, à ne pas faire de mal aux autres. Elle veut aussi que nous respections en nous comme dans les autres la dignité humaine.

Celui qui se conforme à la justice accomplit strictement son devoir.

On ne peut contrevenir à la justice sans crime.

Etre injuste est pire que de ne pas faire le bien.

La plupart des injustices sont punies par les lois civiles; toutes sont condamnées par la conscience et par l'opinion publique.

La justice ne nous dit pas de frapper celui qui nous a frappés; elle n'exige pas non plus que l'on pardonne à un malfaiteur, parce que le punir serait le violenter. D'une part, elle serait sauvage et brutale; de l'autre, trop douce et inefficace.

Nous devons respecter les autres en ne leur causant aucun tort, ni dans leur vie, ni dans leurs biens, ni dans leur réputation, ni dans leur liberté. Mais nous devons aussi nous respecter nous-mêmes. La justice nous oblige à réprimer nos inclinations mauvaises; car ne pas nuire à autrui, rendre aux autres ce qui leur est dû, n'est pas suffisant pour être *honnête homme.*

Respecter en nous et dans les autres la dignité humaine ne suffit pas encore, il faut aussi faire respecter cette dignité quand elle est violée en notre présence.

EXEMPLE

Vous apercevez un grand garçon brutal qui a la lâcheté de frapper sans provocation un enfant moins fort que lui.

Quelle conduite devez-vous tenir?

Votre devoir — la justice vous le commande — est d'intervenir et de prendre la défense du plus jeune.

CINQUANTE-QUATRIÈME LEÇON

LES DEVOIRS DE JUSTICE

Les devoirs de justice sont :

Le *respect de la vie de nos semblables;*
Le *respect de leur liberté;*
Le *respect de leurs biens;*
Le *respect de leur honneur et de leur réputation;*
Le *respect de la parole donnée.*

I. Respect de la vie de nos semblables.

« Tu ne tueras point. »

Chaque homme a une tâche à remplir sur terre : il doit y travailler et faire le bien.

Tuer une personne, c'est :

> L'empêcher d'accomplir sa destinée ;
> Troubler l'ordre du monde ;
> Violer la loi morale ;
> Porter la plus forte atteinte à la dignité humaine.

La morale n'admet que deux exceptions à cette règle absolue :

> 1° Le cas de *légitime défense ;*
> 2° Le cas de *guerre.*

Si notre vie est menacée, nous avons le droit de la défendre par tous les moyens à notre disposition ; mais le cas de légitime défense disparaît au moment où le danger est conjuré.

La guerre est le cas de légitime défense appliqué à la société. Ce n'est pas pour eux-mêmes que les soldats combattent, c'est pour la patrie, qu'ils ont mission de défendre.

Se battre en *duel,* c'est soutenir une cause personnelle, la sienne, et non la cause de la patrie. A l'action des lois, on substitue sa vengeance privée, et *nul ne doit se faire justice soi-même.*

Le duel est contraire à la loi morale.

Le devoir du respect de la vie d'autrui entraîne celui de ne pas le frapper, le blesser, le priver de sa liberté physique.

EXEMPLE

N'est-ce pas violer le respect de la dignité humaine que de punir de mort celui qui, volontairement, a donné la mort à son semblable?... Non; la société est ici dans le cas de légitime défense; elle frappe le meurtrier pour préserver la vie des autres par la crainte imprimée aux criminels.

L'homme n'a pas davantage le droit d'attenter à sa propre vie. Le *suicide* est un acte de lâcheté. Se donner la mort, c'est ne pas avoir le courage de supporter certains déboires, certaines adversités; c'est manquer à la tâche que nous avions à remplir.

« Lâche qui veut mourir, courageux qui veut vivre. »
L. Racine.

Lire : « Le respect de la vie humaine », Diderot. (Lebaigue, *le Livre de l'école*, page 52.)

II. Respect de la liberté de nos semblables.

La *liberté* n'est-elle pas le plus grand bien que nous puissions posséder, celui qui nous permet de pratiquer nos devoirs et d'accomplir notre destinée?

Donc notre liberté est aussi *inviolable* que notre vie. Nous en priver est un acte *injuste* et *coupable*. La loi seule, et dans certains cas seulement, a le droit de nous priver de notre liberté. « Sont punis de la peine des travaux forcés à temps, ceux qui, sans ordre des autorités constituées et hors le cas où la loi ordonne de saisir les prévenus, auraient arrêté, détenu ou séquestré des personnes quelconques. » (Code pénal, art. 341.)

La justice veut que nous respections dans les autres :

La *liberté de conscience,* le premier et le plus inviolable de tous les droits;
La *liberté d'opinions;*
La *liberté individuelle.*

EXEMPLE

Rappelez-vous la fable du loup et du chien. Pas même *au prix d'un trésor* le loup ne voudrait aliéner sa liberté.

CINQUANTE-CINQUIÈME LEÇON

LES DEVOIRS DE JUSTICE (*fin*)

III. Respect des biens d'autrui. — Probité.

« Tu ne déroberas point. »

L'homme ne peut vivre qu'à l'aide d'objets matériels ou biens extérieurs.

La possession légitime de ces biens constitue la propriété.

Primitivement de grands espaces étaient inoccupés; la terre appartint au premier occupant.

Aujourd'hui, la loi reconnaît à chacun le droit de disposer de ce qui lui appartient.

La propriété étant un droit, il nous est défendu d'y attenter chez nos semblables.

Priver quelqu'un de ce qui lui appartient, c'est porter atteinte à sa dignité, c'est manquer au devoir de justice.

La violation de la propriété d'autrui est le *vol,* qui peut se présenter sous différents degrés.

Degrés du vol :

Mauvaise foi, abus de confiance, indélicatesse.
Fraude, tromperie.
Vol simple.
Vol accompagné de violence, vol à main armée.

Actes qui constituent un vol :

S'approprier un dépôt confié ;
Garder pour soi un objet trouvé ;
Ne pas payer les dettes contractées ;
Emprunter, sachant qu'on ne pourra pas s'acquitter ;
Faire passer, sans en acquitter les droits, des marchandises soumises à la taxe ;
Tricher au jeu ;
Ne pas donner le poids de la marchandise vendue ;
Tromper l'acheteur sur la qualité de la matière vendue, etc.

Lire : « L'honnêteté dans le commerce. » (*Le Tour de la France*, page 101.)

IV. Respect de l'honneur et de la réputation de nos semblables.

Selon le plus ou moins de dignité de notre vie, les autres hommes nous accordent leur estime, leur admiration, leur confiance, ou nous traitent avec indifférence ou mépris. Cette opinion d'autrui est appelée la *réputation*.

La *réputation*, l'*honneur* de nos semblables est aussi un bien que nous devons plus scrupuleusement respecter que tout autre, car il est le signe extérieur de la dignité humaine.

Nous ne devons point :

Médire[1] du prochain — (c'est dire du mal; c'est entacher son honneur en alléguant des faits même exacts).

Ni le *calomnier*[2] — (c'est alléguer des faits mensongers contre la réputation d'autrui).

Si l'intérêt général nous autorise, nous oblige même à dénoncer un crime non atteint par la justice, nous n'avons pas le droit de fouiller dans la vie privée d'un homme pour le déshonorer.

La loi civile punit le diffamateur. Elle punit aussi celui qui fait un faux témoignage. Ce dernier pèche contre la justice et la charité : il commet une lâcheté et contribue à faire condamner un innocent.

La *diffamation* consiste à attaquer publiquement la réputation de quelqu'un, soit par des discours, soit par des écrits.

Et quand même le diffamateur serait certain de ce qu'il avance, il est néanmoins coupable; car la dignité humaine lui défend de s'abaisser au rôle de dénonciateur.

La justice nous défend également d'attirer sur les autres le mépris ou le ridicule. Abstenons-nous de *commérages* ou de *cancans*.

Lire : « La lettre anonyme. » (BRUNO, *les Enfants de Marcel*, page 161.)

« Extraits du *Misanthrope* », Molière. (LEBAIGUE, *le Livre de l'école*, cours supérieur, page 258.)

1. La médisance *consiste à faire connaître sans nécessité les fautes ou les défauts du prochain.*

2. La calomnie *est une imputation que l'on sait fausse et qui blesse la réputation et l'honneur des autres.*

V. Respect de la parole donnée. — Tolérance.

« Sois un homme d'honneur. »

Ayons un scrupuleux respect pour les engagements pris, pour la parole donnée.

Manquer à sa parole, c'est faillir à l'honneur.

La parole d'un honnête homme vaut mieux qu'un engagement écrit.

Soyons *tolérants*[1] envers les autres, qu'il s'agisse des croyances religieuses ou des opinions politiques.

Se railler de la foi d'une personne ou des pratiques auxquelles cette foi l'oblige, est indigne d'un homme libre. Agissons selon notre croyance, remplissons notre devoir et ne causons de tort à personne.

Faisons prévaloir, par la persuasion, notre opinion, si nous la croyons meilleure que celle de notre voisin ; mais respectons sa liberté de penser.

Quelle que soit notre religion, quelle que soit notre opinion sur la forme du gouvernement, soyons unis, soyons frères, soyons bons Français.

Lire : « Il faut tenir sa parole. » (BRUNO, *le Tour de la France*, page 231.)

« Le pauvre colporteur », Lamartine. (LEBAIGUE, *le Livre de l'école*, cours supérieur, page 127.)

1. Etre tolérant, *c'est admettre le principe qui oblige à ne pas persécuter ceux qui ne pensent pas comme nous en matière de religion ou de politique.*

CINQUANTE-SIXIÈME LEÇON

LES VERTUS DE JUSTICE

Aux devoirs de justice, correspondent des *vertus*.

Les vertus de justice sont :

La *probité* ;
L'*équité* ;
La *loyauté* ;
La *délicatesse*.

I. Probité.

Rends aux autres tout ce que tu leur dois.

La *probité* est la première vertu de l'honnête homme. Elle consiste à remplir strictement tous les devoirs de justice.

Elle nous oblige d'une façon très étroite à respecter la vie, le corps, la réputation, les biens et la liberté des autres.

Vulgairement, elle se dit surtout du respect des biens matériels.

Faire un gain trop élevé, vendre pour bonne une marchandise médiocre, garder les objets trouvés, c'est ne point être probe.

Il résulte que la probité nous oblige à la *franchise*. Dire la vérité est parfois nuisible à nos intérêts, mais toujours nous éprouvons ce contentement intérieur qui suit l'accomplissement du devoir.

EXEMPLES

Le menteur, le marchand de mauvaise foi, n'ont point de probité.

* * *

L'écolier coupable qui se dénonce lui-même pour une faute qu'il est possible d'attribuer à un de ses camarades, a de la franchise et de la probité.

Il rachète sa faute par sa sincérité.

Lire : « La probité. » (BRUNO, *le Tour de la France*, page 121.)

II. Equité.

Sois scrupuleux dans la manière dont tu rends aux autres ce qui leur est dû.

L'équité est plus que la probité : elle lui est supérieure. C'est un sentiment qui nous porte non seulement à nous abstenir de toute injustice, mais à reconnaître impartialement le droit de chacun.

EXEMPLES

Le patron qui sait reconnaître et récompenser le mérite de ceux de ses ouvriers ou employés qui se sont distingués par leur travail, est équitable.

Quand le maître vous donne les rangs que valent vos compositions, il est équitable.

Pourquoi ? — Parce qu'il rend à chacun ce qui lui est dû.

CINQUANTE-SEPTIÈME LEÇON

LES VERTUS DE JUSTICE (*fin*).

III. Loyauté.

« Tout homme de courage est homme de parole. »
(CORNEILLE.)

La loyauté consiste à tenir ses engagements, à respecter la parole donnée, à accomplir, dans tous leurs détails, certains devoirs qui paraissent moins essentiels.

Celui qui manque à sa parole, et à plus forte raison à son serment, est un homme déloyal : ce n'est plus un honnête homme.

L'homme loyal, — selon la loi, — obéit aux lois de l'honneur et de la probité.

EXEMPLES

Pendant un des bombardements d'Alger, sous Louis XIV, Pierre Porçon de la Barbinay, officier malouin, captif du dey d'Alger, reçut de celui-ci l'ordre de porter au roi de France des propositions de paix, en lui faisant jurer sur l'honneur de revenir s'il échouait.

Les propositions étaient inacceptables, la Barbinay le savait.

Sa mission remplie, il va à Saint-Malo, met ordre à ses affaires, puis revient à Alger, certain du sort qui l'attendait.

Le dey, que cet acte d'héroïsme ne put toucher, lui fit trancher la tête.

∴

Vous avez promis à votre ami Joseph d'aller le chercher

pour une visite à des parents communs, mais vous négligez de tenir votre promesse.

Vous avez manqué à la loyauté.

Lire : « Il faut tenir sa parole. » (BRUNO, *le Tour de la France*, page 234.)

IV. Délicatesse.

La délicatesse est le respect porté aussi loin que possible de la personne d'autrui ; c'est une attention soutenue à ne froisser aucun sentiment honorable chez nos semblables.

EXEMPLES

Faire l'aumône à un malheureux est une bonne action ; mais ne voyez-vous pas une nuance marquée entre cette aumône et le trait de Turenne, qui, voulant venir en aide à un de ses amis ruiné par la guerre, lui achète fort cher de très mauvais chevaux, en lui faisant croire qu'ils sont excellents?

Voilà bien la délicatesse.

* * *

Une honnête famille est plongée dans la plus noire des misères. Sans vous faire connaître, vous payez le terme de son loyer ou lui faites parvenir, par la poste, sous pli cacheté, un secours sous forme de restitution... C'est là encore de la délicatesse.

Lire : « Un bienfait délicat. » (BRUNO, *le Tour de la France*, page 40.)

Corrélation des devoirs et des vertus de Justice.

Devoirs :	Vertus :
Respect de la vie de nos semblables. Respect de leur liberté. Respect de leurs biens. Respect de leur honneur.	Probité.

Devoirs :	Vertus :
Rendre à chacun ce qui lui est dû.	Equité.
Respect de la parole donnée.	Loyauté.
Perfection de tous ces devoirs.	Délicatesse.

CINQUANTE-HUITIÈME LEÇON

LA CHARITÉ DANS LA SOCIÉTÉ

« Faites à autrui ce que vous voudriez qu'on vous fît. »

Rendre à chacun ce qui lui est dû, c'est la justice.

Donner à chacun plus que son dû, c'est la charité.

La charité, — qui signifie amour, — commence là où finit la justice. Elle nous commande de nous aimer les uns les autres.

La charité n'est pas imposée : les lois civiles ne punissent pas un homme parce qu'il n'est point charitable.

Bien que volontaire, la charité est *moralement obligatoire*. Si les lois civiles ne nous forcent pas à être charitables, la conscience nous oblige à l'être ; elle nous en fait un devoir.

Ce qui fait la grande valeur morale de la charité, c'est qu'elle est libre.

Elle peut s'adresser :

1° Au corps : { Secours aux malheureux ; Compassion active pour les malades, les infirmes.

2° A l'âme :
- Avertir un camarade engagé dans la voie du mal ;
- Consoler les peines du cœur ;
- Relever le courage des désespérés ;
- Donner des conseils utiles et désintéressés.

Les commandements de la charité paraissent moins explicites que ceux de la justice. Ils disent : « Fais le bien des autres » et sont illimités.

La charité présente différents degrés :

1° La *bienveillance;*
2° L'*amitié;*
3° Le *dévouement*, le *sacrifice*.

Lire : « La vraie charité », J.-J. Rousseau. (LEBAIGUE, *le Livre de l'école*, cours moyen, page 165.)

I. La bienveillance (Vouloir bien).

Toute personne a droit à notre bienveillance, qui est une disposition favorable de la volonté à l'égard de quelqu'un.

La bienveillance est souvent la première cause de la *sympathie*.

La sympathie tend à devenir de l'*amitié*.

Lire : « Julien et le vannier Jean-Joseph. » (BRUNO, *le Tour de la France*, page 132.)

II. L'amitié.

L'amitié est un sentiment réciproque qui, chez deux personnes, fait qu'elles s'affectionnent, qu'elles sont attachées l'une à l'autre.

L'amitié est la joie et l'ornement de la vie. Elle entretient les rapports affectueux dans la société et y conserve la tradition du dévouement.

L'amitié doit être désintéressée.

N'accordons notre amitié qu'à ceux qui en sont dignes, qu'aux plus honnêtes parmi les meilleurs.

Lire : « Deux amis », Ducis. (LEBAIGUE, *le Livre de l'école*, cours moyen, page 68.)

III. Le dévouement.

Le dévouement, — se vouer, se donner sans réserve, — est la forme suprême de la charité ; c'est l'acte d'abnégation, d'abandon de soi-même, par lequel on se consacre à ses semblables.

A chaque instant, l'occasion du dévouement peut se présenter : il faut toujours être prêt à l'accepter.

Le dévouement n'a pas seulement son champ d'action dans certains cas particuliers ; il s'exerce journellement dans les vicissitudes et les épreuves de la vie.

EXEMPLE

La charité est-elle possible sans la justice? — Non; car il ne faut pas croire qu'un acte charitable serait méritoire s'il avait été précédé d'une violation de la justice.

Les dons que ferait un usurier à une œuvre de bienfaisance ne l'empêcheraient pas d'être coupable.

Lire : « Un bienfaiteur qui refuse de se nommer. » (BRUNO, *les Enfants de Marcel*, page 71.)

« L'incendie. — Une belle action. » (BRUNO, *le Tour de la France*, page 113.)

« Un bon voisin », Lamartine. (LEBAIGUE, *le Livre de l'école*, cours supérieur, page 92.)

CINQUANTE-NEUVIÈME LEÇON

LES VERTUS DE CHARITÉ

« **La façon de donner vaut mieux que ce qu'on donne.** »
(CORNEILLE.)

La charité s'exerce de diverses manières.

Vertus de charité :

Bienfaisance[1] : Aumône aux pauvres; Pitié et aide aux malheureux.

Clémence[2] : Pardon à ceux qui nous nuisent ou nous offensent; Indulgence à l'égard du prochain; Ne pas chercher à se venger.

Générosité[3] : La plus grande bonté du cœur; Sentiments nobles et élevés.

L'*héroïsme* est la perfection de ces vertus :

Héroïsme de bienfaisance ;
Héroïsme de clémence ;
Héroïsme de générosité.

EXEMPLES

Un enfant tombe dans la rivière; vous passez par là, et,

1. La bienfaisance *est la pratique des bienfaits, l'habitude de faire du bien à autrui.*
2. La clémence, *chez ceux qui détiennent l'autorité, est une vertu qui consiste à pardonner les offenses.*
3. La générosité *est le caractère de celui qui a grand cœur.*

sans craindre d'exposer votre santé ou votre vie, vous vous jetez résolument à l'eau. Est-ce de la charité? — Oui, c'est le plus haut degré de charité : c'est du dévouement.

* * *

Tout le monde peut-il être charitable? — Oui.

Comment l'homme pauvre peut-il exercer la charité?

En soulageant de plus malheureux que lui; en visitant un malade, etc.; en faisant le travail d'un voisin souffrant; en apaisant un violent; en consolant des affligés, etc.

Agir ainsi est donner plus que son argent, c'est se *donner soi-même*.

EXEMPLES DE CLÉMENCE

Auguste pardonnant à Cinna.

Un bienfaiteur pardonnant à son obligé, qui a tenté de le voler ou de le tuer.

Louis XII pardonnant aux ennemis qu'il avait eus avant de parvenir au trône : « Le roi de France doit oublier les injures faites au duc d'Orléans! »

EXEMPLE DE GÉNÉROSITÉ

Le général Hugo ordonnant à son housard de donner « tout de même à boire » à l'Espagnol qui a tenté de le tuer. (V. Hugo, *Après la bataille*. Voy. *le Livre de l'école*, cours élémentaire, p. 124.)

EXEMPLE DE VRAIE CHARITÉ

Deux blessés, pendant la guerre de Crimée, l'un Français, l'autre Russe, sont étendus côte à côte sur le champ de bataille.

Avant de mourir, le Français a ôté son manteau et l'a étendu sur son compagnon d'infortune. (D'après Bersot.)

Lire : « La charité du pauvre. » (Bruno, *le Tour de la France*, page 11.)

« Un bienfait délicat. » (Bruno, *le Tour de la France*, page 10.)

« Bienfaisance et discrétion », A. Karr. (Lebaigue, *le Livre de l'école*, cours moyen, page 152.)

SOIXANTIÈME LEÇON

COMPARAISON ENTRE LA JUSTICE ET LA CHARITÉ

Sois non seulement juste envers les autres, mais sois aussi charitable.

Justice :	**Charité :**
C'est le respect des *droits de chacun*;	C'est le *désintéressement*;
Elle est *obligatoire*;	Elle est *volontaire* et cependant *moralement obligatoire*;
La loi civile sévit généralement contre l'injustice;	La loi civile est sans effet sur la charité;
La conscience oblige à être juste;	La conscience oblige à être charitable;
C'est le premier devoir de la société.	C'est le complément de la justice.

Échelle morale.

1° Justice :

Ce qu'il ne faut pas faire.

1er Degré : Ne pas rendre le mal pour le bien. . Eviter l'*ingratitude*.

2e Degré : Ne pas faire de mal à ceux qui ne nous en font pas . . . . Eviter la *cruauté*.

3e Degré : Ne pas rendre le mal pour le mal. . Eviter la *vengeance*.

Ce qu'il faut faire.

4e Degré : Rendre le bien pour le bien. . . . Pratiquer la *reconnaissance*.

2° Charité :

5e Degré : Faire du bien à ceux qui ne nous ont fait ni bien ni mal. . Pratiquer le *dévouement*.

6e Degré : Rendre le bien pour le mal. . . . Pratiquer la *vraie charité*.

SOIXANTE ET UNIÈME LEÇON

LA SOLIDARITÉ ET LA FRATERNITÉ DANS LA SOCIÉTÉ

Sans charité, pas de société possible.

Dans la société, le désintéressement s'appelle la *solidarité,* et le dévouement, la *fraternité.*

Le menuisier ne pourrait pousser son rabot du matin au soir et satisfaire sa clientèle, s'il lui fallait cuire son pain, faire ses souliers et confectionner ses vêtements. La vie lui serait bien difficile. C'est donc du travail des autres, autant que du sien propre, qu'est fait son bien-être ici-bas.

Les hommes comprennent aisément qu'il est de leur intérêt de se secourir les uns les autres ; c'est cette sorte de *responsabilité mutuelle* des intérêts de tous qui a fait la *solidarité.*

L'an dernier, la récolte du blé a été médiocre, le fourrage a manqué : certes, le cultivateur a souffert et souffre encore de cette année de disette ; mais bien qu'il soit le plus frappé, il n'est pas le seul ; tout le monde s'en ressent : le pain, la viande, le beurre, sont plus chers. La *réunion des intérêts de chacun forme donc l'intérêt général :* nous sommes *solidaires les uns des autres.*

La solidarité repose plus sur l'intérêt que sur le devoir ; elle dit : « Aidons-nous les uns les autres, la charge de nos maux en sera plus légère. » Ce n'est pas la charité pure.

Quand vous achetez un livre ; quand vos parents

vous achètent des vêtements, ils payent le libraire et le tailleur. Mais êtes-vous quittes envers l'humanité? — Non; car ces objets sont dus à quantité d'ouvriers, d'inventeurs, de savants, qui ont travaillé pour l'humanité et dont la plupart sont morts. Vous sentez que vous devez leur être reconnaissants. Cette reconnaissance ne peut s'exercer directement et vous la reportez tout entière sur la société à laquelle vous êtes redevables de ces bienfaits. Ce sentiment moins intéressé et plus noble s'appelle la *fraternité*.

En dehors de ces considérations, la conscience nous ordonne d'*aimer les autres hommes comme nous-mêmes*.

Que deviendrait la société, si nous ne pratiquions point la charité; si nous ne nous rendions mutuellement des services, si enfin nous ne nous aimions les uns les autres? — Elle serait ramenée à l'état primitif, à l'état de guerre.

Sans la fraternité, la société ne serait pas plus possible que sans la justice.

La fraternité, ou amour réciproque des hommes, est un des trois mots qui résument tous les droits et les devoirs de l'homme et du citoyen : « *Liberté, Égalité, Fraternité.* »

EXEMPLES

C'est la fraternité qui fait qu'on secourt des personnes qui ne peuvent plus être d'aucune utilité à la société, des infirmes, des fous, des aveugles, etc.

C'est la fraternité qui a élevé un peu partout ces *hôpitaux*, où sont reçus les malades; ces *asiles*, où sont recueillis les enfants abandonnés.

C'est par fraternité que se sont instituées des associations telles que les *sociétés de secours mutuels*, les *orphelinats*, l'*Union française pour le sauvetage de l'enfance*, dont le but est de recueillir les enfants maltraités ou en danger moral, etc.

Lire : « Fraternité et solidarité humaine. » (BRUNO, *les Enfants de Marcel*, page 61.)

SOIXANTE-DEUXIÈME LEÇON

NOS DEVOIRS ENVERS LES AUTRES HOMMES

Dans la société, les hommes sont :

Ou nos *égaux;*
Ou nos *supérieurs;*
Ou nos *inférieurs.*

De là, trois catégories de devoirs à remplir.

1° Envers nos *égaux :*

1° La *franchise.* — Pas de { *médisance;* *calomnie.*

2° La *justice.* — Respect {
de la personne des autres.
de la liberté —
de la propriété —
de l'honneur —
des opinions —
de la conscience —

3° La *bonté.* — Soyons { affables; complaisants; bienveillants.

2° Envers nos *supérieurs* :

1° La *franchise*;
2° La *justice*;
3° L'*obéissance*;
4° Le *respect*;
5° Ne pas s'abaisser à la *flatterie*.

3° Envers nos *inférieurs* :

1° La *justice*;
2° La *bonté*;
3° N'ordonner que ce qu'on a le droit de commander;
4° Ne pas abuser de son pouvoir.

En somme, tous nos devoirs se résument à *être justes*, à *être bons*.

Lire : « Egoïsme et dévouement. » (BRUNO, *les Enfants de Marcel*, page 251.)

« Le madrigal de Louis XIV », Mme de Sévigné. (LEBAIGUE, *le Livre de l'école*, cours moyen, page 35.)

SOIXANTE-TROISIÈME LEÇON

Corrélation de nos devoirs et de nos droits dans la société.

	Devoirs :	Droits :
	1° ENVERS NOS ÉGAUX :	
		Nous avons droit :
Justice.	Soyons *francs* avec nos semblables.	A la *vérité*;
	Respectons la *personne* d'autrui.	Au respect de notre *personne*;

	Devoirs :	Droits :
	Envers nos égaux ;	
Justice (*Suite*).	Respectons la *liberté* d'autrui.	A l'usage de notre *liberté* ;
	Respectons la *propriété* d'autrui.	A la jouissance de notre *bien* ;
	Respectons l'*honneur* d'autrui.	Au maintien de notre *honneur* ;
	Respectons les *opinions* d'autrui.	Au respect de nos *opinions* ;
	Respectons la *liberté de conscience*.	Au respect de notre *liberté de conscience*.
Bonté.	Soyons *affables* et *polis* à l'égard du prochain.	Droit à la politesse des autres.
	Soyons *complaisants* envers nos semblables.	
	Soyons *bienveillants* envers nos semblables.	

2° Envers nos supérieurs :

Soyons *francs* envers nos supérieurs.	Qu'ils ne se montrent point *défiants* à notre égard.
Soyons *justes* envers eux.	Qu'ils soient *justes* envers nous.
Nous leur devons l'*obéissance*.	Qu'ils ne nous *commandent* que des choses *raisonnables*.
Nous leur devons le *respect*.	Qu'ils *respectent* en nous la *dignité humaine*.
Ne les *flattons* jamais.	Ils auraient le droit de nous *mépriser*.

3° Envers nos inférieurs :

Soyons *justes* envers nos inférieurs.	Qu'ils reconnaissent notre *justice*.
Soyons *bons* à leur égard.	Qu'ils nous témoignent de la *reconnaissance*.
Ne leur *ordonnons* que ce que nous avons le droit de leur commander.	Qu'ils nous *obéissent*.
N'*abusons* point de notre situation.	Qu'ils nous témoignent du *respect* et de la *confiance*.

CHAPITRE V

DEVOIRS DE L'HOMME

SOIXANTE-QUATRIÈME LEÇON

DEVOIRS DE L'HOMME

Vivant en société, l'homme a des devoirs à remplir envers les autres hommes.

En principe, il n'y a qu'un seul devoir, qui est de *faire le bien;* mais ce devoir se subdivise suivant les diverses relations de l'homme.

L'homme a des devoirs :

1° Envers *lui-même :* { son corps ; son âme ;
2° Envers les *autres hommes*[1] ;
3° Envers les *animaux;*
4° Envers la *patrie;*
5° Envers *Dieu.*

1° Devoirs de l'homme envers lui-même.

Respecte et développe en toi la dignité humaine.

Tous nos devoirs se ramènent à un seul : respecter et développer la dignité humaine en nous et dans les autres.

1. Voy. les leçons précédentes : la *justice* et la *charité.*

L'homme est formé

D'un *corps,*
Et d'une *âme.*

De là, deux sortes de devoirs :

1° Envers notre *corps;*
2° Envers notre *âme.*

SOIXANTE-CINQUIÈME LEÇON

1° Devoirs de l'homme envers son corps.

Notre corps n'est pour ainsi dire que le serviteur et l'instrument de l'âme.

La dignité de notre vie nous oblige à ne négliger aucune précaution pour maintenir notre corps en état de répondre aux exigences du devoir : de là, nos devoirs envers lui.

Devoirs envers notre corps :

1° Propreté;
2° Tempérance;
3° Sobriété;
4° Pas d'excès.

1° Propreté. — La propreté est indispensable à la santé. La malpropreté est la cause de bien des maladies.

La propreté chez une personne lui attire l'estime et la sympathie; la malpropreté incommode et provoque un certain dégoût.

La propreté est l'indice de l'élévation de l'âme et du cœur : l'enfant propre se respecte ; l'enfant malpropre ne se respecte pas.

Lire : « L'ordre dans les vêtements et la propreté. » (Bruno, *le Tour de la France*, page 26.)

2° **Tempérance.** — La tempérance, — au sens restreint du mot, — consiste à ne pas faire d'excès dans le boire.

L'ivrogne est semblable à un fou : il ne respecte pas en lui la dignité humaine. Il n'est plus un homme ; il a perdu ce qui en fait le caractère : la *raison*. Il se ravale au-dessous de la bête, qui ne boit plus quand elle est désaltérée, tandis que l'ivrogne boit encore, même quand il n'a plus soif.

L'homme tempérant conserve sa santé : il a l'estime publique et le sentiment intime de sa propre dignité.

L'ivrogne se rend malade ; il est méprisé de ses semblables.

La conséquence de l'ivrognerie est l'aliénation mentale.

3° **Sobriété.** — La sobriété veut que nous donnions à notre corps la nourriture qui lui est nécessaire, sans abuser de la quantité des aliments ni des raffinements de l'art culinaire.

L'excès de nourriture fatigue le corps et atrophie nos facultés morales et intellectuelles : « *estomac plein, tête vide.* »

Il faut *manger pour vivre, et non vivre pour manger*.

EXEMPLES

Louis est toujours bien peigné ; il a la figure et les mains très nettes; ses souliers, brillant d'un beau noir, ses vêtements, brossés, ne portent aucune tache : en un mot, c'est un enfant propre, et on a plaisir à le voir.

Les cheveux de Jean-Baptiste sont, au contraire, en désordre; ses mains sont crasseuses; on ne distingue presque plus la peau de son visage; ses chaussures sont souillées de boue, ses vêtements en désordre. On détourne avec dégoût son regard de cette figure malpropre, et personne ne veut être son voisin.

Sa malpropreté est une incommodité pour lui et pour les autres.

*
* *

Quel est cet homme avec son rire idiot, ses propos incohérents et sa démarche vacillante?... C'est Jean, l'ivrogne, venant de dépenser au cabaret le peu d'argent qu'il a gagné et qui cependant aurait été si nécessaire pour soigner sa malheureuse femme malade et nourrir ses enfants.

Pourra-t-il regagner sa demeure?... Il est permis d'en douter, et il ne serait pas étonnant de le voir rouler dans un fossé, où il passera des heures sans parler, sans entendre, sans savoir même que le monde existe.

Que cette vue, mes chers amis, vous préserve à tout jamais de l'ivrognerie, et n'oubliez point surtout que l' « alcool c'est l'ennemi[1] ».

*
* *

Les soldats de la première République, en 1792, savaient se contenter du strict nécessaire, qui parfois leur faisait même défaut, ce qui ne les empêchait pas de savoir vaincre; ils évitaient le moindre excès de table, voulant conserver à leur corps et à leur esprit toute l'énergie dont ils avaient besoin.

4° Pas d'excès. — Ne commettons point d'excès de travail : donnons à notre corps le repos qui lui est nécessaire, sans quoi, un jour ou l'autre, il tombera en ruines.

Il va de soi que nous ne devons pas mutiler notre

1. Ch. Dupuy.

corps pour quelque cause que ce soit et ne pas chercher à nous donner la mort[1].

Fortifions-nous par les exercices de gymnastique, par des promenades salutaires.

Aérons notre chambre, notre lit, les pièces où nous habitons ; évitons le passage brusque du chaud au froid, tout en nous habituant cependant à supporter de fortes chaleurs et des froids rigoureux, en vue de nous corriger d'une susceptibilité souvent excessive.

Tous les excès, en quelque genre qu'ils soient, sont nuisibles.

Lire : « Les dangers de l'alcool. » (BRUNO, *les Enfants de Marcel*, page 130.)

« La gymnastique. — Histoire du général de Béthencourt. » (BRUNO, *les Enfants de Marcel*, pages 142 et suivantes.)

SOIXANTE-SIXIÈME LEÇON

2° Devoirs de l'homme envers son âme.

C'est par l'âme que nous sommes supérieurs aux animaux.

L'homme est une créature raisonnable composée d'un corps et d'une âme.

L'âme est la partie la plus noble de nous-mêmes : elle constitue la personne humaine avec sa raison, sa liberté, sa responsabilité. Elle est le principe de la dignité humaine.

1. Voy. le Suicide, page 96.

Notre âme est spirituelle, simple et sans parties; elle ne peut conséquemment se décomposer et périr: elle est donc *immortelle* de sa nature.

Quand la mort nous ravit un être qui nous est cher, un père, une mère, etc., nous ne pouvons nous résoudre à croire que nous le perdons pour toujours. L'espérance de le revoir dans une autre vie est un sentiment vivace et constant chez tous les peuples, qui ont toujours cru à l'immortalité de l'âme.

Non seulement elle est immortelle, mais elle est aussi *libre;* c'est en elle que réside le principe de notre liberté.

Le corps a des organes; l'âme, des facultés.

Facultés de l'âme :

Sensibilité;
Intelligence;
Volonté.

I. Sensibilité. — La sensibilité est la faculté d'éprouver du plaisir et de la douleur. Si nous étions insensibles, nous serions incapables d'affections, indifférents au bien et au mal.

La sensibilité physique nous rend supérieurs aux végétaux et aux minéraux; mais la sensibilité morale nous élève au-dessus des animaux.

La sensibilité physique procure les *sensations*, tandis que la sensibilité morale donne naissance aux *sentiments*.

Mais si nous sommes sensibles, si nous éprouvons des émotions, nous devons nous défendre contre les entraînements de la sensibilité, sans quoi nos passions domineraient notre raison.

Notre dignité nous commande la *modération* dans

le plaisir et un *courage calme et résigné* dans la douleur.

II. **Intelligence.** — L'intelligence est la faculté de comprendre, de concevoir les choses : elle nous rend capables d'aimer la vérité et de la rechercher par l'étude. C'est par la raison, qui est le caractère de l'intelligence, que nous distinguons le vrai du faux.

L'intelligence nous élève encore au-dessus de l'animal.

III. **Volonté.** — La volonté est le pouvoir, la faculté de vouloir. C'est la volonté qui nous permet de choisir librement entre le bien et le mal, et qui fait que nous sommes responsables de nos actes.

La volonté, ainsi que les deux autres facultés, nous rend supérieurs à tous les êtres animés. C'est par l'effort de la volonté que *l'homme est réellement un homme.*

Ces trois facultés réunies constituent la *dignité humaine.*

EXEMPLE

Votre bulletin mensuel a été excellent, et, pour vous récompenser, votre père vous a donné une pièce de 10 centimes.

Qui vous indique la valeur de cette pièce; qui vous dit qu'avec cela vous pouvez acheter un cahier, ou des bonbons, ou des gâteaux? — C'est votre intelligence.

Qui décidera si vous achèterez des friandises ou si vous donnerez votre pièce de monnaie à un pauvre aveugle qui vous tend la main? — C'est votre volonté.

Dans le premier cas, vous éprouverez une sensation matérielle; dans le second, vous obéirez à un bon sentiment.

SOIXANTE-SEPTIÈME LEÇON

FRANCHISE. — MENSONGE

En toutes circonstances, sois franc.

Notre intelligence aime et recherche la vérité, le plus estimable de tous les biens, un des attributs de Dieu.

Or, le mensonge est la destruction de la vérité : il est donc un grand mal.

Le mensonge est une parole, une action, ayant pour but de tromper les autres. Il porte atteinte à leur droit de connaître le vrai.

On ment de diverses façons :

1° Par la *dissimulation* [1] ;
2° Par l'*hypocrisie* [2] ;
3° Par la *négation* d'un fait vrai ;
4° Par l'*invention* d'un fait faux.

L'épithète de menteur est une des plus injurieuses que l'on puisse adresser à quelqu'un.

Le menteur ne respecte pas la dignité de l'homme ni en lui ni dans les autres.

Le menteur

Trompe son prochain ;
Commet un vol moral ;
Abuse de la confiance d'autrui ;
Ne tient pas ses promesses ;
Manque de courage,

1. La dissimulation *est l'action de cacher ses sentiments, ses desseins.*
2. Voy. la définition, page 78.

Conséquences du mensonge pour le menteur :

On ne le croit plus, même quand il dit la vérité ;
On le fuit ;
Il n'inspire plus que le mépris.

N'imitons pas non plus ces gens qui affectent des sentiments qu'ils n'éprouvent pas, qui nous flattent quand nous sommes là et nous déchirent à belles dents dès que nous sommes éloignés : ceux-là sont des *hypocrites;* évitons leur contact : il nous souillerait.

Lire : « La vraie et la fausse dévotion », Molière. (LEBAIGUE, *le Livre de l'école*, cours supérieur, page 186.)

Rappelons-nous que Français, franc et franchise ne sont qu'un seul mot : soyons francs et sincères, c'est notre devoir et souvent notre intérêt. Le maintien de la société n'est possible qu'avec le respect de la vérité.

EXEMPLES

Vous avez commis une faute. Si vous avez eu la faiblesse de céder à vos mauvaises passions, ayez au moins le courage de l'avouer, et on sera tout disposé à vous pardonner ; car l'aveu est déjà un commencement de repentir.

Le menteur est toujours puni. N'est-ce pas une grande punition de voir que nous n'inspirons plus aucune confiance, même quand nous disons vrai ? Nous aurons beau dire : « Cette fois je vous assure que je ne mens pas » ; on se moquera de nous et nous serons ridicules.

*
* *

Rappelez-vous l'histoire du berger Guillot.

N'avez-vous pas imité quelquefois Guillot ?... Hélas ! oui. Pour cacher une faute légère, on en commettait une bien plus grave. Eh bien! mes enfants, prenez la ferme résolution de toujours dire la vérité. Et si parfois il vous en coûte, vous aurez toujours au moins la satisfaction de votre conscience, et, cette satisfaction, c'est la plus grande qu'on puisse éprouver.

L'homme franc :	L'homme menteur :
A la satisfaction de sa conscience.	A la réprobation de sa conscience.
Respecte la dignité humaine en lui et dans les autres.	Ne respecte pas la dignité humaine ni en lui ni dans les autres.
A sa propre estime et celle des autres.	Est méprisé de ses semblables.
Accomplit son devoir.	Manque à son devoir, en commettant un vol moral.
S'honore en faisant acte de courage.	S'avilit par sa lâcheté.
Agit souvent selon son intérêt : on ajoute foi à ses paroles.	Agit toujours contre son intérêt : on ne le croit plus.

Lire : « André et le jeune commis. » (BRUNO, *le Tour de la France*, page 121.)

SOIXANTE-HUITIÈME LEÇON

ORGUEIL. — MODESTIE.

L'orgueil est l'apanage du sot.

L'orgueil est une estime et un amour exagérés de soi-même, qui fait qu'on se préfère aux autres et qu'on rapporte tout à soi.

Voyez la démarche hautaine et les airs de triomphe

de l'orgueilleux : il se croit supérieur à tous. Il traite ses semblables avec dédain : il ne se doute pas que, par sa conduite, il est lui-même l'objet du mépris général.

L'orgueilleux manque à son devoir :

1° Envers les autres...	1° Il est injuste ; 2° Il est égoïste.
2° Envers lui-même...	L'orgueil est un obstacle à son amélioration morale.

L'orgueilleux est *injuste*, car il ne reconnaît pas le mérite de la vertu d'autrui. Il est égoïste, parce qu'il est rempli de lui-même et ne souffre aucune contradiction.

La bonté du cœur, il ne la ressent point, puisqu'il souhaite voir les autres s'humilier devant lui.

L'orgueil est un grand défaut qui rend insupportables ceux qui en sont atteints.

Conséquences de l'orgueil :

On évite l'orgueilleux ;
On ne l'aime point ;
On ne le plaint pas quand il souffre.

L'orgueilleux se met lui-même en dehors de la société. Personne ne l'égale, personne n'est digne de ses attentions : il est donc naturel qu'on le laisse dans la solitude. On ne l'aime point, on le fuit. Si le malheur le frappe, il est sans amis.

La vanité, la coquetterie, la frivolité, sont des formes de l'orgueil.

Évitons ces vilains défauts ; soyons modestes.

Lire : « Un orgueil naïf », Montesquieu. (Lebaigue, *le Livre de l'école*, cours supérieur, page 131.)

La modestie est une réserve délicate dans la manière de parler et de penser de soi.

Elle est de mise à tout âge; mais elle plaît surtout chez les enfants et chez les jeunes filles.

Ne croyons pas que la modestie doive nous empêcher de reconnaître notre valeur morale. Il faut que l'homme mesure le chemin qu'il a déjà parcouru dans la voie du bien pour pouvoir continuer. Mais, s'il a des qualités, des vertus même, il n'en fait point montre. Aux yeux des autres, il semble les ignorer.

Le vrai mérite est modeste.

L'homme modeste travaille à son amélioration morale; il connaît ses défauts et s'efforce de s'en corriger. Il est sévère pour lui et indulgent pour les autres.

L'homme modeste :

Est *juste;*
Est *bon.*

Il est *juste*, puisqu'il reconnaît le mérite d'autrui.

Il est *bon*, puisqu'il évite scrupuleusement les froissements d'amour-propre.

EXEMPLES

Recherchez dans l'histoire, et vous trouverez que les hommes d'un vrai mérite ont presque toujours été modestes :

Vauban cherche non pas à briller dans les entreprises, mais à en assurer le succès : il prend pour lui la peine et laisse l'honneur aux autres. Il n'accepte le grade de maréchal de France que lorsqu'il y est contraint.

* * *

Carnot, l'Organisateur de la victoire, avait été disgracié sous le premier Empire. A la nouvelle de l'invasion de 1814, il vient généreusement offrir son épée à Napoléon.

Comme il avait été décidé que les officiers reprendraient

le grade le plus élevé qu'ils avaient eu, on rechercha sur les registres celui de Carnot, et on ne lui trouva que le grade de chef de bataillon.

Cet ancien ministre de la guerre, qui avait dirigé les armées, qui les avait conduites à la victoire, qui nommait les officiers supérieurs, les généraux en chef, s'était toujours volontairement oublié.

L'homme orgueilleux :	**L'homme modeste :**
Il viole la loi morale : { Est injuste. Est égoïste.	Est : { juste; charitable.
Ne fait aucun effort pour s'améliorer.	Cherche à devenir meilleur.
Souffre des railleries que lui attire son désir immodéré des louanges.	Recueille les louanges qu'il ne recherche pas.
Aime la flatterie.	Aime la franchise.
N'inspire de sympathie à personne.	Acquiert la sympathie et l'estime d'autrui.

Lire : « La modestie. » (BRUNO, *le Tour de la France*, page 54.)

« Orgueil et mollesse, » Voltaire. (LEBAIGUE, *le Livre de l'école*, cours moyen, page 85.)

« Le fat, » La Bruyère. (LEBAIGUE, *le Livre de l'école*, cours supérieur, page 79.)

SOIXANTE-NEUVIÈME LEÇON

TRAVAIL. — PARESSE

« **L'homme est né pour travailler, comme l'oiseau pour voler.** » (Écriture.)

Le travail est l'acte de l'homme qui produit une chose utile.

Le travail écarte de nous trois grands maux :

1° L'*ennui;*
2° Le *vice;*
3° Le *besoin.*

Le travail est non seulement obligatoire pour celui qui doit gagner sa vie, mais il est imposé à tous par la loi morale.

Le développement régulier et harmonieux de nos organes et de nos facultés ne peut se faire que par l'exercice, c'est-à-dire par le travail.

Et d'ailleurs, personne n'a le droit de jouir des avantages de la société sans rien lui donner en échange.

Le travail est un gage de bonne santé. Il est le seul moyen honnête de subvenir à ses besoins.

Il est de plus une garantie de moralité : le travail éloigne de l'homme l'ennui, les pensées mauvaises, et par conséquent le *vice.*

Le travail est la source de tout progrès.

« Celui qui ne veut pas travailler ne doit pas manger. »

Le travail modéré procure à l'homme :

La *santé ;*
Le *contentement de soi-même ;*
Sa *propre estime ;*
Et *celle de ses semblables.*

La paresse est un amour déréglé du repos qui nous porte à négliger nos devoirs.

L'homme oisif délaisse volontairement ce qui fait l'*homme de caractère*, c'est-à-dire l'énergie, la volonté.

C'est un être qui ne peut prendre de détermination. Il se laisse vivre sans réagir contre la mollesse et la nonchalance qui l'étreignent.

Il est incapable de rien faire d'utile. Il ne remplit pas son devoir. C'est une plaie pour la société. C'est un *parasite*, un ingrat et un mauvais citoyen.

Il n'y a pas que l'ouvrier, le manœuvre qui travaillent; le savant, le médecin, l'avocat, l'instituteur travaillent à leur manière; le travail intellectuel est plus fatigant et peut-être plus nuisible à la santé que le travail des champs.

Quand vous aurez quitté définitivement l'école, rappelez-vous que l'*étude*, le *travail intellectuel est le repos du travail corporel*.

Employez bien votre temps, ne le gaspillez pas. « *Le temps est de l'argent.* » (Proverbe anglais.)

C'est aussi, quand on l'emploie bien, le facteur principal de notre *dignité*, de notre *indépendance sociale*.

EXEMPLES

La fable du savetier et du financier nous montre que le travail seul donne le bonheur.

Ailleurs, le fabuliste français nous prouve que « le travail est un trésor ».

* * *

Rappelez-vous une histoire bien connue : celle du général Drouot.

Voyez Drouot enfant étudier à la clarté du feu, car sa famille est trop pauvre pour lui fournir la lumière qui lui serait nécessaire.

Suivez-le quelques années plus tard, à Metz, dans un examen qu'il subit d'une manière brillante et à la suite duquel il est porté en triomphe par ceux qui, l'instant d'avant, plaisantaient ce candidat aux gros souliers poudreux.

Voilà, mes enfants, où conduit le travail. (Voy. *le Livre de l'école*, cours moyen, page 130.)

Et rappelez-vous qu'en ce monde tout est réservé au travailleur, et que ce n'est qu'au prix du travail que vous resterez libres et indépendants.

L'homme travailleur :	**L'homme paresseux :**
Il accomplit son devoir.	Il viole son devoir.
S'il profite du travail des autres, il donne, en compensation, le fruit de son travail à la société.	Il est inutile à la société ; c'est presque un voleur, puisqu'il ne rend rien à la société en échange de ce qu'il en reçoit.
Il arrive à l'aisance, sinon à la fortune.	Le paresseux est le frère du mendiant.
Il jouit d'une bonne santé.	Il devient généralement mou et faible.
Il ne s'ennuie jamais.	Il ne sait que faire pour tuer le temps.
Il est content de lui et a l'estime des autres.	Il est mécontent de tout et tous le méprisent.
Il est non seulement utile, mais il peut encore venir en aide à son prochain.	D'inutile qu'il est, il n'a qu'un pas à faire pour devenir malfaisant.

Lire : « Le travail, — sa nécessité, — sa dignité. — Travail manuel. — Fécondité du travail manuel. » (Bruno, *les Enfants de Marcel*, page 240.)

« L'activité, première qualité de tout travailleur. » (Bruno, *le Tour de la France*, page 153.)

SOIXANTE-DIXIÈME LEÇON

ÉCONOMIE. — PRODIGALITÉ

« Si vous voulez être riche, n'apprenez pas seulement comment on gagne, sachez aussi comment on ménage. » (Franklin.)

L'économie consiste à régler ses dépenses d'après ses ressources et surtout à modérer ses désirs.

L'économie est la sœur de la prévoyance.

Elle est de plus la marque certaine d'une réelle

énergie morale. Les occasions de dépenses sont aujourd'hui si fréquentes que l'économie demande un *grand effort sur soi-même.*

Être économe, c'est ne pas faire de *dépenses inutiles;* c'est *être prévoyant;* c'est aussi veiller à la conservation des objets qui nous sont nécessaires ou utiles; c'est *avoir de l'ordre et beaucoup de soin.* Vos vêtements, vos objets de classe seront tenus propres et ménagés, afin de vous servir plus longtemps.

Placer ses économies à intérêts sûrs, c'est s'assurer un petit revenu : les petites épargnes amènent bientôt l'aisance et permettent d'envisager l'avenir sans appréhension.

L'économie :

Enlève les soucis matériels ;
Est la source de la bonne humeur au foyer domestique ;
Prépare l'établissement des enfants ;
Éloigne les dettes ;
Conserve notre indépendance.

La prodigalité n'est pas, comme on serait porté à le croire, un noble dédain des richesses ; c'en est, au contraire, l'emploi désordonné. Prodiguer, c'est dépenser sans compter.

Le dissipateur arrive vite à la ruine et bientôt il contracte des dettes. Contracter des dettes, c'est perdre son indépendance.

EXEMPLES

Cet ouvrier dont la quinzaine va s'engloutir dans le tiroir du marchand de vin, qui oublie sa femme et ses enfants pour satisfaire sa passion grossière, se conduit-il comme un homme?

*
* *

Rappelez-vous l'histoire du sifflet de Franklin.

*
* *

N'oubliez pas non plus que les acquisitions à bon marché sont toujours ruineuses, quand il ne s'agit pas de choses indispensables.

L'homme économe :	L'homme prodigue :
Est prévoyant.	Manque de prévoyance.
Est réellement un homme : il sait modérer ses désirs.	Ne mérite pas le nom d'homme : il ne sait pas régler ses désirs.
Arrivera à l'aisance, si ce n'est à la richesse.	Court à la ruine et à la misère.
Evite les dettes.	Contracte des dettes.

Lire : « Caisse d'épargne et caisse des retraites. » (BRUNO, *les Enfants de Marcel*, page 99.)

« L'honnêteté et l'économie. » (BRUNO, *le Tour de la France*, page 61.)

SOIXANTE ET ONZIÈME LEÇON

AVARICE

L'avare agit comme s'il ne devait point mourir.

L'avarice est un amour immodéré des biens de la terre, principalement de l'argent.

Si nous devons être économes, nous ne devons pas pour cela *aimer immodérément le gain et l'argent.*

Il est légitime de chercher, par des moyens honnêtes, à gagner l'argent qui nous procure le nécessaire et le bien-être. Mais il ne faut pas faire son *dieu de l'argent.*

L'amour excessif du gain est une passion malsaine.

L'avare néglige tout pour ne s'occuper que de son argent. Il ne songe ni à sa dignité ni à ses devoirs : la famille, ses concitoyens ne comptent pas pour lui. Son cœur n'est plus qu'une pierre.

Cette passion l'entraîne à l'injustice et lui fait oublier les règles de la probité.

L'avare n'amasse pas pour subvenir à ses besoins : il se refuse tout bien-être. Son argent lui est plus précieux que sa santé, que sa vie.

L'avare n'est pas seulement nuisible à lui-même, il l'est aussi à la société : cet argent qu'il thésaurise reste stérile.

Il n'est pas de passion *plus sotte et plus vilaine que l'avarice.*

EXEMPLE

Molière nous a fort bien dépeint l'avare, dans Harpagon.

Pour lui, son trésor occupe toutes ses pensées, son activité, ses veilles. Il a recours à l'usure et devient un malhonnête homme.

Il néglige le soin de sa famille, et, pour son argent, il est disposé à sacrifier le bonheur des siens.

Lire : « Mort d'un avare, » Balzac. (Lebaigue, *le Livre de l'école*, cours supérieur, page 87.)

SOIXANTE-DOUZIÈME LEÇON

LES DETTES

« **Il est difficile qu'un sac vide se tienne debout.** »
(FRANKLIN.)

Sans économie, sans prévoyance, on achète le *superflu*, et on s'endette pour se procurer le *nécessaire*.

Emprunter sans être certain de pouvoir rembourser est une faute contre la probité.

En achetant à crédit, on risque de payer plus cher qu'en payant comptant.

On s'expose : 1° à mentir pour obtenir un délai ; 2° à faire des dépenses exagérées, espérant qu'en grossissant la note, on rendra le créancier plus patient.

Le débiteur perd sa liberté : il se met dans une *dépendance avilissante* vis-à-vis de son créancier. Ne pouvant payer à l'échéance, il implore la pitié d'un homme, il perd de sa dignité en s'humiliant devant lui.

« Celui qui va faire un emprunt va chercher une mortification, » a dit Franklin.

Ne contractez jamais de dettes, vous conserverez votre indépendance ; vous garderez votre sécurité et votre dignité.

EXEMPLE.

Ils sont malheureusement trop nombreux les exemples de gens fortunés qui se sont plongés dans la misère pour avoir contracté des dettes dont ils négligeaient de payer régulièrement les intérêts.

N'oubliez pas qu'au taux de 4 p. 100, la dette se trouve doublée au bout de vingt ans.

SOIXANTE-TREIZIÈME LEÇON

LE JEU

Le joueur se rend esclave du hasard.

Aimer le jeu, en tant qu'il s'agit d'un exercice physique, c'est bien : ce jeu repose et distrait l'esprit et il développe le corps. Toutefois, il ne faut jouer qu'avec modération, et il importe aussi que le jeu ne prenne point le pas sur le travail.

Ce qui est blâmable, c'est la passion des *jeux de hasard*.

Le joueur s'insurge contre la loi du travail. Il demande au jeu ce que sa paresse l'empêche de gagner honnêtement.

« Si quelqu'un vous dit qu'on peut s'enrichir autrement que par le travail et l'économie, ne l'écoutez pas, c'est un empoisonneur. » (FRANKLIN.)

Le jeu est une passion dévorante : le joueur est insatiable dans ses gains et oublie tout sentiment de prudence et toute notion du devoir quand il perd ; il joue jusqu'à la ruine complète.

Le jeu, même sans passion violente, est l'ennemi du travail. Il entraîne au café et dispose à l'ivrognerie.

Ne fréquentez pas les cabarets, *fuyez le jeu*, et ne confiez point non plus vos épargnes aux *loteries*.

Le joueur ruiné est lâche en face de son malheur, — malheur à peu près inévitable. — Il s'abandonne au désespoir et finit par le suicide.

EXEMPLE

J'ai connu un homme de bonne famille, qui avait la funeste passion du jeu et qui, en une seule soirée, perdit toute sa fortune.

Il n'eut pas le courage de se résigner à la malheureuse situation qu'il s'était faite, et il finit, comme finissent généralement les joueurs, par le suicide.

Non content d'avoir ruiné sa femme et ses enfants, il les déshonorait.

SOIXANTE-QUATORZIÈME LEÇON

COLÈRE. — PATIENCE

« Heureux ceux qui sont doux. »

La colère est un sentiment violent qui nous irrite contre ce qui nous déplaît ou nous blesse.

La colère ressemble à une *folie momentanée*. L'homme en colère est horrible à voir ; il est effrayant. C'est un insensé qui, égaré par le délire, peut commettre un crime, sauf à en éprouver bientôt un cruel remords.

La colère enlève à l'homme sa raison et sa liberté. Elle le rend injuste.

Elle est la cause de bien des discordes, de bien des

querelles. Elle ferme les cœurs et amène des brouilles entre gens qui devraient s'aimer.

Il est très difficile de maîtriser la colère; aussi, pour la vaincre, faut-il l'attaquer à ses débuts, en supportant patiemment nos petites contrariétés.

Soyez bon pour votre prochain; aimez-le, et rarement vous vous mettrez en colère.

La patience est une vertu qui nous fait supporter avec calme les adversités, les douleurs, les injures.

L'homme patient est toujours maître de lui; il conserve sa pleine raison et agit librement.

EXEMPLES

Alexandre le Grand regrette amèrement un moment de colère pendant lequel il a tué son meilleur ami, Clitus, qui lui avait sauvé la vie.

*
* *

Les chefs grecs discutent sur les mesures à prendre pour refouler l'armée perse. Eurybiade s'emporte et menace Thémistocle de son bâton. « Frappe, mais écoute, » répond tranquillement l'Athénien.

Son avis est suivi et la Grèce est sauvée.

*
* *

On rapporte qu'un jour Turenne était accoudé à l'une des fenêtres de son antichambre, quand un domestique, croyant que c'est un aide de cuisine, le frappe par derrière.

Reconnaissant sa méprise, le serviteur se jette aux genoux de Turenne et lui dit qu'il croyait que c'était Georges, un autre valet.

« Et quand c'eût été Georges, répond doucement le maréchal, il ne fallait pas frapper si fort. »

L'homme colère :	L'homme patient :
Est insensé : perd la raison.	Conserve sa pleine raison.
Est faible : n'a pas la force de résister à une passion.	A une grande force de caractère.

L'homme colère (*suite*) :	L'homme patient (*suite*) :
N'est plus libre.	A toute sa liberté.
Est injuste.	Juge librement et équitablement.
Se dégrade.	Respecte sa dignité.
S'expose à commettre des actes qu'il regrettera par la suite.	Agit selon sa conscience.

Lire : « Brusquerie et douceur. » (BRUNO, *le Tour de la France*, page 206.)

SOIXANTE-QUINZIÈME LEÇON

COURAGE. — PEUR

L'homme courageux est vraiment un homme.

« Le courage ne consiste pas à ne point être ému en face d'un danger, mais à surmonter son émotion : c'est pour cela qu'un enfant peut être aussi courageux qu'un homme[1] ; » c'est un effort de l'âme en présence du danger.

La peur est l'état de l'âme troublée par la vue d'un danger réel ou imaginaire. Elle produit en nous l'abandon de notre énergie et de notre sang-froid.

Les animaux aussi sont sujets à la peur ; mais ce n'est chez eux qu'une crainte instinctive. Ils la subissent passivement, tandis que l'homme peut la vaincre par le courage.

Le courage émane de notre volonté et de notre liberté morale.

1. Bruno, *le Tour de la France*, page 20.

Il y a plusieurs espèces de courage :

1° Le *courage moral ;*
2° Le *courage militaire ;*
3° Le *courage civique.*

Le *courage moral* est la résistance à nos passions et le sang-froid en face du danger ; c'est la fermeté avec laquelle nous accomplissons nos devoirs. Il est le fondement de tous les courages.

Les Français ont, de tout temps, donné de beaux exemples de *courage militaire,* qui est une forme du patriotisme.

EXEMPLES DE COURAGE MILITAIRE

Le colonel Achilli, le sergent Marcel, le maréchal des logis Vincent (Bruno, *les Enfants de Marcel*, pages 5, 10 et 49).

Le *courage civique* est l'obéissance aux lois, le respect de l'autorité et de ses représentants, l'exactitude et le dévouement dans l'exercice des fonctions publiques, la défense de la liberté quand elle est menacée.

Nous faisons preuve de courage en ne nous laissant pas abattre par les douleurs physiques et morales, en luttant contre l'infortune et les mauvais coups du sort.

Ne désespérons jamais, ce serait manquer à notre devoir et avilir notre dignité d'homme.

Le courage est *nécessaire partout :* sans courage, on ne peut, en général, faire le bien ni éviter le mal.

Notre persévérance au travail, notre franchise en certains cas, la réalisation de nos projets d'avenir, tout cela exige du courage.

Soyons donc courageux. Mais ne confondons pas

le courage avec la *témérité*, qui consiste à s'exposer inutilement.

Enfants, bravez cette peur que des récits de revenants ou des superstitions stupides pourraient faire naître en vous. Ne craignez point la solitude, les ténèbres, les sorciers et autres personnages qui n'ont aucune réalité.

EXEMPLES

Des enfants jouent. L'un d'eux fait une chute, se blesse grièvement à la tête et perd connaissance.

Effrayés à la vue du sang et de l'immobilité de l'enfant, ses camarades ont la faiblesse de prendre la fuite.

Un seul a la présence d'esprit de laver la plaie du blessé, et, après l'avoir bandée avec son mouchoir, il aide à le transporter au domicile de ses parents, quand du secours arrive.

Cet enfant a fait preuve de courage.

*
* *

Le président Boissy d'Anglas, se découvrant religieusement à la vue de la tête sanglante du député Féraud et conservant tout son sang-froid devant une bande d'insurgés qui veut forcer la Convention à voter une mesure injuste, a fait preuve de courage civique.

*
* *

Le député Baudin, tué sur les barricades, a fait preuve de courage civique.

L'homme courageux :	**L'homme peureux :**
Conserve sa volonté et sa pleine raison.	Sa volonté et sa raison sont presque annihilées.
Ne désespère jamais.	Prend une résignation passive et humiliante.
Surmonte les obstacles.	Se laisse abattre par les difficultés.

L'homme courageux (*suite*) :	**L'homme peureux** (*suite*) :
Est surtout grand dans le malheur.	Perd son sang-froid dans le péril ou l'infortune.
Accomplit toujours son devoir.	N'accomplit son devoir que lorsqu'il y a peu de mérite à le faire.

Lire : « Le dévouement au devoir professionnel. » (BRUNO, *les Enfants de Marcel*, page 136.)

« La présence d'esprit dans le danger. » (BRUNO, *les Enfants de Marcel*, page 105.)

« Le courage à l'étude. » (BRUNO, *les Enfants de Marcel*, page 139.)

« Le fantôme », Mme de Genlis. (LEBAIGUE, *le Livre de l'école*, cours supérieur, page 57.)

SOIXANTE-SEIZIÈME LEÇON

CE QU'IL FAUT ÊTRE. — CE QU'IL NE FAUT PAS ÊTRE

Envers les autres hommes, nous devons être :

Justes,
Charitables.

Ce qu'il faut être :
- *Franc,*
- *Modeste,*
- *Travailleur,*
- *Econome,*
- *Bon payeur,*
- *Patient,*
- *Tolérant,*
- *Courageux.*

Ce qu'il ne faut pas être :	*Menteur,*
	Orgueilleux,
	Paresseux,
	Joueur,
	Prodigue ni avare,
	Endetté,
	Colère,
	Peureux.

Lire : « La reconnaissance. » (Bruno, *le Tour de la France*, page 41.)

CHAPITRE VI

DEVOIRS ENVERS LES ANIMAUX

SOIXANTE-DIX-SEPTIÈME LEÇON

DEVOIRS ENVERS LES ANIMAUX

Les animaux étant sensibles, nous devons les traiter avec douceur.

Le droit de légitime défense nous autorise à combattre et à détruire les animaux nuisibles.

Nos besoins corporels nous donnent le droit de tuer les animaux même utiles ; mais nous ne devons pas les faire souffrir sans raison.

Maltraiter une créature inoffensive est une lâcheté et une cruauté.

Frapper inutilement un animal, le tuer dans un accès de colère, c'est se *dégrader*, c'est porter atteinte à la dignité humaine.

Si l'animal ne peut pas toujours exprimer ses souffrances, cela ne l'empêche point de les ressentir : comme l'homme, il a la *sensibilité physique*.

C'est de l'*injustice* et de l'*ingratitude* de brutaliser les animaux domestiques. Notre intérêt d'ailleurs nous commande de les traiter avec douceur.

L'enfant qui arrache les ailes à une mouche, les pattes à un hanneton, qui tire la queue à un chat, qui attache une casserole à la queue d'un chien, qui détruit un nid d'oiseaux, agit d'abord par légèreté, mais, petit à petit, il s'habitue à être cruel.

Si vous étiez tentés de dénicher des oiseaux, songez, — si vous ne pensez point à la douleur du père et de la mère, — songez que le nombre des insectes nuisibles, vers, chenilles, etc., dont ils se nourrissent, est incalculable.

EXEMPLE

Rappelez-vous la jolie fable *le Nid de fauvette*, de Berquin, et, comme l'enfant dont il est question dans cette gentille poésie, ne soyez pas « assez barbare pour leur arracher leurs enfants », à ces petits oiseaux qui, par leurs chants, charment nos bocages, en même temps qu'ils rendent de si grands services à l'agriculture.

Lire : « La douceur envers les animaux. » (BRUNO, *les Enfants de Marcel*, page 153.)

SOIXANTE-DIX-HUITIÈME LEÇON

DEVOIRS ENVERS LES ANIMAUX (*fin*)

La bonté envers les animaux indique une âme généreuse.

La cruauté envers les animaux ne tarde pas à produire la dureté du cœur, qui enlève toute pitié pour la souffrance. Souvent ceux qui martyrisent les animaux se laissent aller à la violence et vont parfois jusqu'au meurtre.

Blâmons ouvertement ces plaisirs barbares, tels que combats de chiens, de coqs, de tirs à l'oie (jeux encore en usage dans quelques fêtes patronales des environs). Recherchons des plaisirs plus moraux, qui ne détruisent pas en nous la bonté du cœur.

« Seront punis d'une amende de 5 à 15 francs et pourront l'être de un à cinq jours de prison, ceux qui auront exercé publiquement et abusivement des mauvais traitements envers les animaux domestiques. La peine de la prison sera toujours applicable en cas de récidive. » (Loi du 2 juillet 1850, dite loi Grammont.)

Une association s'est formée en France sous le nom de *Société protectrice des animaux*, pour venir en aide à l'exécution de la loi. Il existe, dans nos écoles, des sociétés d'élèves ayant le même but.

EXEMPLE

Vous n'avez pas oublié cette anecdote touchante racontée par Victor Hugo :

Un pauvre crapaud, affreux et tout couvert de pustules, respirait le frais, un soir, au bord d'un chemin, lorsque apparurent « quatre écoliers sereins comme le ciel ».

« Cet âge est sans pitié », avait déjà dit notre fabuliste.

Les enfants aperçoivent le pauvre animal et s'écrient : « Tuons-le; puisqu'il est si laid, faisons-lui bien du mal. »

Chacun s'évertue à faire souffrir la malheureuse bête : l'un le pique d'une branche pointue; un autre soulève une grosse pierre pour l'achever, et tous se réjouissent de voir « comment cela va faire », quand arrive un vieil âne éclopé, traînant une lourde charrette, avançant avec peine, malgré les jurons et les coups du brutal ânier.

Le crapaud est dans l'ornière, et la roue suit l'ornière.

« Ne jette pas la pierre, dit un des enfants ; la voiture va passer dessus ; ce sera bien plus amusant. »

> L'âne vit le crapaud, et triste, — hélas ! penché
> Sur un plus triste encor, — rompu, morne, écorché,
> Il sembla le flairer avec sa tête basse.
> Ce forçat, ce damné, ce patient fit grâce. »

Rassemblant le peu de force qui lui reste, le baudet tire la roue de l'ornière,

> Laissant derrière lui vivre ce misérable !

L'enfant, qui devint plus tard le grand poète, laisse échapper sa pierre et il croit entendre au ciel une voix qui lui dit : « Sois bon ! »

Lire : « La chienne de Malebranche », par P. Janet. (LEBAIGUE, *le Livre de l'école*, cours supérieur, page 192.)

« Les animaux utiles », Fénelon. (LEBAIGUE, *le Livre de l'école*, cours moyen, page 21.)

CHAPITRE VII

LA PATRIE

SOIXANTE-DIX-NEUVIÈME LEÇON

LA PATRIE EST UNE FAMILLE ET UNE SOCIÉTÉ

« On appelle *nation* ou *patrie* un groupe plus ou moins étendu de familles associées entre elles pour se protéger mutuellement dans l'exercice de leurs droits[1]. »

La patrie, c'est le sol natal, ce sont les lois qui nous régissent; c'est encore l'histoire nationale, qui nous apprend ses gloires et ses malheurs.

La patrie est une grande famille : la *famille française*.

Les devoirs des concitoyens sont identiques à ceux des enfants d'une même famille.

La terre natale, la patrie elle-même, c'est la *mère*. Nous devons la chérir et la protéger comme nous chérissons et protégeons notre mère.

1. H. Marion

Le *père* est représenté par les lois auxquelles nous devons l'obéissance.

Les enfants de cette grande famille doivent :

S'aimer ;
S'entr'aider ;
Honorer le nom de leur pays.

Les compatriotes :

Sont *enfants d'une même race ;*
Parlent la *même langue ;*
Ont les *mêmes ancêtres* et les *mêmes souvenirs ;*
Ont les *mêmes mœurs* et les *mêmes lois ;*
Aiment et *défendent* le *même pays ;*
Aspirent tous à la prospérité et à la gloire de ce pays.

D'une part, la famille est insuffisante à l'expansion et aux besoins de l'homme ; d'autre part, la société humaine tout entière est trop vaste pour l'union réelle des individus ; il a donc fallu une association intermédiaire : c'est la patrie, qui est non seulement une famille, mais aussi une *société.*

Les *avantages matériels* de la patrie sont les mêmes que ceux de la société.

Les *bienfaits intellectuels* que nous procure notre patrie sont tellement nombreux qu'ils constituent un des plus grands services administratifs.

C'est aussi à la patrie que nous devons les *avantages moraux* de la société. C'est grâce à elle que nous voyons pratiqués en grand les devoirs de *justice* et de *charité.* C'est la patrie qui construit les hospices, les asiles où sont recueillis les malades et les orphelins.

EXEMPLES

Une ou plusieurs communes seraient-elles assez riches pour construire des ponts, des canaux, des grandes routes, parfois des chemins de fer, etc.?

Non; l'Etat seul peut faire des dépenses de cette importance.

C'est là un avantage matériel.

*
* *

Quand il a fallu bâtir notre école, les revenus communaux ne permettaient pas à la commune de faire cette dépense. C'est la France qui en a payé une partie et qui a prêté le reste.

C'est là un avantage intellectuel.

*
* *

C'est par charité que la patrie a fait construire les hôpitaux, les asiles, etc.

Lire : « Les enfants d'une même patrie. » (BRUNO, *le Tour de la France*, page 13.)

« Qu'est-ce qu'une nation? » par E. Renan. (LEBAIGUE, *le Livre de l'école*, cours supérieur, page 242.)

QUATRE-VINGTIÈME LEÇON

LE PATRIOTISME

Travaillons bien en classe pour devenir plus tard de bons soldats et des citoyens instruits, éclairés et honnêtes.

Nous devons aimer notre patrie comme notre famille. Nous devons nous dévouer pour elle et pour nos concitoyens. Ces sentiments forment le *patriotisme*.

L'enfant prouve son patriotisme en remplissant bien ses devoirs dans la famille et à l'école.

La patrie étant une *famille*, nous devons :

L'aimer;
Obéir à ses lois.

Il n'est pas de patrie qui mérite d'être aimée autant que la France.

Aimer sa patrie est un *sentiment naturel* : nous préférons les Français aux autres hommes et la France à toutes les autres nations. De plus, en raison des bienfaits dont elle nous comble, la reconnaissance nous oblige à la considérer bien au-dessus des autres nations.

Nous devons *obéir à ses lois*, puisqu'elles sont l'*expression de la volonté du pays*. Tout citoyen peut exprimer le désir qu'une loi en projet soit modifiée, s'il la croit mauvaise; mais, une fois la loi promulguée, il a le devoir strict de se conformer à ses prescriptions.

Devoirs réciproques des concitoyens :

Solidarité;
Fraternité.

Nous sommes tous *solidaires* : nous rougissons quand un Français s'est dégradé; au contraire, nous sommes heureux d'apprendre qu'un homme qui a accompli de belles actions est un Français.

Le patriotisme nous demande parfois le sacrifice de nos intérêts et de nous-mêmes. Aussi comprend-il surtout le *dévouement*.

Le patriotisme se manifeste :

Dans la *vie militaire ;*
Dans la *vie civile.*

L'étude de l'histoire de la France est la meilleure école de patriotisme. C'est elle qui nous apprend à aimer la « *grande nation* », en nous rappelant les exemples héroïques de nos pères et en nous inspirant le désir de les imiter; en nous apprenant ses revers et ses gloires, et en nous inspirant l'amour de la France vaincue autant que celui de la France glorieuse. « Là où est la France, là est la Patrie. » (L. GAMBETTA.)

Comment, en effet, ne pas aimer cette France, le centre, le foyer de la civilisation de l'Europe ; cette France aux idées si nobles et si généreuses; cette France, enfin, qui a contribué pour la plus grande part au progrès moral et politique des peuples? « Dieu veuille que jamais la France ne vienne à manquer au monde, le monde retomberait dans les ténèbres ! » (STUART MILL.)

C'est pour l'émancipation des peuples que la France a supporté tant de combats (indépendance des Etats-Unis, de la Grèce, de la Belgique, de l'Italie, etc.).

« Si l'on voulait entasser ce que chaque nation a versé de sang et d'or, et d'efforts de toute sorte pour les choses désintéressées qui ne devaient profiter qu'au monde, la pyramide de la France irait montant jusqu'au ciel. Et la vôtre, ô nations, toutes tant que vous êtes, oh ! la vôtre, l'entassement de vos sacrifices irait aux genoux d'un enfant. » (MICHELET.)

EXEMPLES

Quelle joie n'éprouviez-vous point, mes chers amis, quand, en 1891, vous appreniez que nos marins étaient reçus à bras ouverts à Cronstadt?

N'étiez-vous pas bien heureux quand vous entendiez décrire l'enthousiasme avec lequel, en 1893, nous recevions nos amis les Russes, et les fêtes données en leur honneur?

Vous sentiez que la France n'était plus isolée en Europe et qu'une grande nation amie lui ouvrait les bras.

Cette joie que vous avez ressentie, c'est du patriotisme.

*
* *

Quel enthousiasme vous éprouviez, il y a quelques jours, en recevant des élèves du gymnase d'Odessa cette attendrissante poésie, que vous voyez soigneusement encadrée en place d'honneur, à côté du buste de la République!

Réponse d'un jeune écolier russe à son camarade de France.

« Je te salue, ma chère France. Vive la France! Vive la France! Hourrah! Hourrah! Hourrah! »

Une larme de joie a mouillé ma paupière,
Quand j'ai lu les beaux vers où tu dis, sans détours
Et d'un air ingénu, qu'il n'est pas de frontière
Pour qui s'aiment et s'aimeront toujours.

Camarade, à cette heure où la France est en fête
Pour faire à nos marins un accueil chaleureux,
De tes jeunes amis, te faisant l'interprète,
Avec leurs bons souhaits, tu nous transmets leurs vœux.

Franchissant en esprit, montagnes, mers et plages,
Nous vous rendons, amis, le bonjour fraternel
Que vous nous adressez de vos lointains parages
En nous jurant à tous un amour éternel.

Que le Dieu tout-puissant, le maître des armées,
Qui veille sur nous tous avec même bonté,
Daigne bénir d'en haut deux nations aimées,
Et leur accorde paix, bonheur, prospérité.

« Odessa, octobre 1893. »

Quand je vous ai lu ces touchantes paroles, spontanément vous vous êtes levés et vous avez acclamé la Russie et vos petits camarades qui, du fond du vaste empire russe, vous ont envoyé cette preuve éloquente de sympathie.

Cela, mes amis, c'est encore du patriotisme.

Aimez toujours bien notre chère France; aimez-la plus que tout au monde.

Lire : « J'aime la France. » (BRUNO, *le Tour de la France*, page 303.)

« La loi, » par Lévêque. (LEBAIGUE, *le Livre de l'école*, cours supérieur, page 231.)

Exemples de patriotisme en 1870 : Debordeaux, Desmortiers, l'abbé Viroy. (Voy. LEBAIGUE, *Livre de l'école*, cours moyen, page 124.)

QUATRE-VINGT ET UNIÈME LEÇON

DEVOIRS ENVERS LA PATRIE

Nos grands devoirs envers la patrie sont :

L'*instruction obligatoire;*
Le paiement de l'*impôt;*
Le *vote;*
Le *service militaire.*

1° L'instruction obligatoire.

« L'instruction est, après le pain, le premier besoin de l'homme. » (Ch. DUPUY.)

Le gouvernement de la France étant fondé sur le suffrage universel, l'instruction est indispensable à chaque électeur.

Tous les citoyens prennent part à l'élection des

représentants du pays ; indirectement, ils participent donc à la confection des lois et au gouvernement de la nation.

Peuvent-ils sérieusement exercer ce droit s'ils ne sont pas suffisamment instruits ?

Pour vaincre la négligence ou le mauvais vouloir de certains parents, la France a, par la loi du 28 mars 1882, rendu l'instruction obligatoire pour tous les enfants de six à treize ans.

Les écoles ont été multipliées et rendues plus spacieuses, plus agréables et plus saines.

Les programmes des matières obligatoires dans l'enseignement primaire ont été étendus, afin qu'à l'école de son village, l'enfant, le futur citoyen, apprenne ce qu'il n'est permis à personne d'ignorer.

La commune donne aux enfants indigents les fournitures scolaires.

La caisse des écoles a été instituée pour venir en aide aux élèves les plus pauvres, en leur fournissant la nourriture et les vêtements nécessaires.

Manquer à l'école, c'est violer la loi, c'est manquer à son devoir, qui, encore ici, est conforme à l'intérêt [1].

Ce n'est pas assez de venir régulièrement en classe, il faut y être *assidu* et *appliqué* [2].

Fréquenter l'école avec exactitude, écouter attentivement les leçons du maître, y travailler de son mieux, c'est remplir son premier devoir envers la Patrie.

EXEMPLE

« A quoi vous exposeriez-vous si vous faisiez l'école buissonnière ?

1. Voy. 36e leçon. — *Nécessité de l'instruction*, page 60.
2. Voy. 37e leçon. — *Devoirs de l'enfant à l'école*, page 62.

— Je manquerais à mon premier devoir envers la France.

— Ne vous feriez-vous pas de tort à vous-même?

— Je négligerais mon intérêt, puisque plus tard je serais ignorant et ne saurais moi-même diriger mes propres affaires.

— C'est vrai; faire l'école buissonnière, c'est manquer à son premier devoir envers la patrie; c'est ne pas comprendre son intérêt; c'est encore négliger celui de la société, qui ne retirera pas d'un ignorant ce qu'elle est en droit d'attendre d'un homme instruit; c'est enfin exposer ses parents aux pénalités édictées par la loi du 28 mars 1882, et la moindre de ces pénalités serait de comparaître devant la commission scolaire, qui rappellerait au père son devoir.

N'exposez jamais vos parents à subir cette honte. »

Lire : « Les obligations du citoyen. » (BRUNO, *les Enfants de Marcel*, page 68.)

QUATRE-VINGT-DEUXIÈME LEÇON

II° L'impôt.

Refuser de participer aux dépenses de la patrie, est aussi mal que de refuser de nourrir sa famille.

« L'impôt est la part contributive de chaque citoyen dans les dépenses faites par la société pour l'utilité commune[1]. » C'est ce que chaque citoyen paye pour les avantages que lui procure la société; c'est pour ainsi dire « une prime d'assurance par laquelle nous sommes garantis contre divers risques et nous nous procurons d'inappréciables avantages[2] ».

1. Ch. Dupuy.
2. H. Marion.

L'impôt est :

Nécessaire;
Juste.

Sans argent, l'État ne peut assurer la sécurité des citoyens, la défense de la patrie, la construction et l'entretien des routes, des canaux, des écoles, etc. L'impôt seul peut lui procurer cet argent; de là, la *nécessité* de l'impôt.

Puisque nous jouissons des avantages de la société, il convient, selon toute justice, que nous nous imposions un petit sacrifice pour avoir notre part de ces avantages. Il est donc *juste* que nous payions l'impôt.

En France, l'impôt est :

Universel;
Obligatoire;
Proportionnel.

Autrefois l'impôt n'était pas égal pour tous; il existait, en France, sous l'ancien régime, des privilèges en faveur des nobles et du clergé : ils ne payaient pas tous les impôts dont on chargeait les autres Français. La Révolution française a fait disparaître cette inégalité.

Aujourd'hui, l'impôt pèse sur tous les citoyens : il est donc *universel.*

Il est établi et fixé par une loi, et cette loi est faite par les représentants de la nation ayant reçu des électeurs ce pouvoir et ce mandat. C'est comme si la loi qui fixe la nature et le chiffre de l'impôt était faite par tous les Français : personne n'a le droit de s'y soustraire. Donc il est *obligatoire.*

Il est aussi *proportionnel* aux revenus qu'il frappe.

L'impôt est fixé, pour chaque citoyen, selon ce qu'il possède ou selon ce que lui rapporte son industrie ou son commerce.

Nous devons payer loyalement l'impôt : c'est un devoir que tout bon citoyen doit remplir sans murmurer.

Frauder l'État, soit en ne payant pas les droits d'entrée dont sont frappées certaines marchandises, soit en faisant de fausses déclarations, c'est mentir et commettre un vol manifeste; c'est *voler tous ses concitoyens*, puisque l'impôt sera augmenté pour eux de ce qu'on aura évité de payer.

EXEMPLE.

Supposez qu'on dispense M. Sansimpôt de payer ses contributions, à la condition, toutefois, qu'il ne retirera aucun des avantages que nous procure la patrie.

Le jour où il voudra suivre la route qui conduit au village voisin, on lui fera remarquer que cette route ne s'est pas faite toute seule, qu'il faut de l'argent pour l'entretenir... « Or, lui sera-t-il dit, puisque vous ne payez rien pour l'entretien de cette route, il est juste que vous n'en profitiez point. Trouvez donc naturel, Monsieur, qu'on vous défende d'y passer. »

Une nuit, un voleur s'introduit chez M. Sansimpôt, qui, vainement, appelle à l'aide. Vainement aussi il demande du secours aux gendarmes, qui se contentent de lui dire : « Comme nous ne pouvons vivre de l'air du temps, il est juste que quelqu'un nous paye. Puisque vous ne contribuez en rien à notre salaire, il est juste aussi que nous ne nous dérangions point pour vous. Tâchez donc d'arrêter vous-même votre voleur. »

M. Sansimpôt veut conduire ses enfants à l'école primaire de son village. Mais on lui fait remarquer qu'il a fallu de l'argent pour construire cette école, qu'il faut encore de l'argent pour rétribuer les maîtres. « Comme vous ne payez rien de tout cela, instruisez donc vous-même vos enfants !... »

Croyez-vous, mes amis, que M. Sansimpôt ne sera pas le

premier à demander à payer sa part des contributions, afin de jouir des avantages que nous retirons de la vie en société?...

Lire : « L'impôt. » — « La fraude et la contrebande. » (BRUNO, *les Enfants de Marcel*, pages 77 et 84.)

« Les octrois. » (BRUNO, *le Tour de la France*, page 99.)

QUATRE-VINGT-TROISIÈME LEÇON

III° Le vote.

La souveraineté nationale s'exerce par le vote.

« Le droit de vote consiste, pour chaque citoyen, à élire les représentants du pays et à participer, par leur intermédiaire, au vote de l'impôt, à la confection des lois [1] » et à la direction générale à donner aux affaires du pays.

Est électeur tout Français âgé de vingt et un ans; c'est ce qu'on appelle le suffrage universel.

Par l'impôt, chacun participe aux charges publiques; par le vote, chacun participe à l'autorité publique.

Le droit de vote impose nécessairement des devoirs au citoyen. Le premier de ces devoirs est de prendre part à toutes les élections auxquelles le convie son droit d'électeur.

1. Ch. Dupuy.

Le vote doit être :

Libre;
Consciencieux;
Éclairé;
Désintéressé.

Le vote doit être *libre*, c'est-à-dire que l'électeur ne doit céder à aucune influence, à aucune intimidation, ni se laisser corrompre.

L'électeur doit, en *conscience*, choisir le candidat le plus honnête, le plus capable, le plus digne selon lui.

Il doit, par la lecture des journaux, se tenir au courant des affaires de son pays, s'*éclairer* sur les qualités, les aptitudes, la moralité, les opinions des candidats. Ses préférences seront pour celui qu'il croit le plus capable de traiter les affaires publiques.

C'est l'intérêt général et non l'intérêt particulier qui doit guider l'électeur. Il doit penser à la France avant de penser à lui, à sa famille ou à ses amis. Le vote sera *désintéressé*.

Vendre son vote est un crime.

EXEMPLE

J'eus, tout récemment, une discussion assez vive avec le père Louis, l'un des deux charrons du village. Il était question des élections prochaines. « Je ne voterai pas, me dit-il; d'ailleurs, j'ai pour habitude de ne prendre aucune part aux luttes politiques. J'y trouve mon avantage : je ne mécontente personne, et je conserve ma clientèle. C'est, à mon avis, le parti le plus sage. »

— « Et si, dans toutes les communes, les travailleurs et gens sérieux comme vous, père Louis, imitaient cet exemple, qu'en résulterait-il? Entre quelles mains tomberaient les pouvoirs publics et l'administration de notre beau pays? Vous témoignez là des sentiments égoïstes. Il semble que l'honneur et les destinées de votre patrie vous importent peu. Méfiez-vous ! C'est précisément cette indifférence des citoyens qui a amené les désastres dont vous avez été témoin, et dont, bien souvent, vous vous plaignez très amèrement. Croyez-moi : ne négligez pas vos propres intérêts, mais occupez-vous aussi de ceux de votre propre pays. Rappelez-vous que le suffrage de tous les honnêtes gens est le seul moyen de donner à la France un gouvernement stable, fort et respecté. Rappelez-vous aussi que ne pas voter, c'est se montrer indigne du droit d'électeur. »

Lire : « Le vote. » (Bruno, *les Enfants de Marcel*, page 201.)

QUATRE-VINGT-QUATRIÈME LEÇON

IV° Le service militaire.

Un bon Français ne trouve rien de pénible pour le service de la patrie.

« Le service militaire est l'obligation, pour tous les citoyens valides, de porter les armes pendant une durée déterminée, en temps de paix, pour devenir capables de défendre la patrie en temps de guerre[1]. » C'est le plus élevé de nos devoirs envers la Patrie.

Une armée permanente est nécessaire. Nous ne pouvons encore croire aujourd'hui à un *désarmement général* et à la formation d'un *congrès européen* chargé de régler à l'amiable les différends entre nations. L'humanité ferait un grand pas si cela se réalisait, mais il ne faut malheureusement pas trop y compter.

1. Ch. Dupuy.

Les *levées en masse*, comme en 1792 et en 1793, ne seraient plus suffisantes. Il faut aujourd'hui l'étude des choses de la guerre. Les armes et la stratégie se modifient, et un assez long séjour à la caserne est nécessaire au soldat pour se plier aux exigences du service militaire.

Pour devenir un bon soldat, il faut s'assouplir, se fortifier, s'endurcir à la fatigue, en un mot s'aguerrir.

Le service militaire est un devoir rigoureux pour tout Français ; *chercher à s'y soustraire serait un crime.*

Devoirs du soldat :

La soumission absolue à la *discipline;*	Respect de la hiérarchie ; Obéissance aux lois et aux règlements militaires.

L'amour et la défense du *drapeau;*

Le *courage* et au besoin le *sacrifice de sa vie.*

La discipline et l'obéissance aux ordres supérieurs constituent la force des armées. Sans discipline, une armée est bientôt vaincue.

Le drapeau représente ce qu'il y a de plus sacré : la patrie et l'honneur. *Abandonner le drapeau, c'est la dernière des lâchetés.*

L'histoire de notre pays nous fournit de nombreux exemples de courage et de dévouement allant jusqu'à l'héroïsme. C'est pour nous non seulement un exemple, mais aussi une obligation de maintenir ce renom de vaillance.

EXEMPLE

A la bataille de Gravelotte, le lieutenant Antoine de Vesin commandait la compagnie. Il s'élance vers l'ennemi, la tête haute, le front joyeux. « Lieutenant, lui crient ses hommes, prenez garde, on vous vise. » Mais lui, souriant au danger et brandissant son sabre, commande : « En avant ! »

A peine a-t-il fait quelques pas au milieu de la mitraille, qu'une balle le frappe au côté gauche. On s'empresse autour de lui. « Allez, dit-il à ses soldats, reprenez votre place de bataille et conduisez-vous en bons Français, comme si j'étais là. »

On insistait pour rester auprès de lui : « Laissez-moi, dit-il, ne perdez pas de temps à me porter à l'ambulance. Vous direz à mon père et à ma mère que leur fils est mort en soldat et en chrétien. »

Au moment où il cherchait à se retourner sur le côté, un éclat d'obus lui broie la jambe droite. « Tournez-moi du côté du combat, dit-il, afin que je sache si nous sommes victorieux. »

Ne trouvez-vous pas cette conduite sublime? Jusqu'à la mort, il oublie ses souffrances pour ne songer qu'à la patrie.

* * *

Ceux qui, pieusement, sont morts pour la patrie
Ont droit qu'à leur cercueil la foule vienne et prie.
Entre les plus beaux noms, leur nom est le plus beau;
Toute gloire près d'eux passe et tombe éphémère;
Et, comme ferait une mère,
La voix d'un peuple entier les berce en leur tombeau.

V. HUGO.

Lire : « Les devoirs du soldat. » (BRUNO, *les Enfants de Marcel*, page 147.)

« La garde impériale à Waterloo. » (LEBAIGUE, *le Livre de l'école*, cours supérieur, page 273.)

QUATRE-VINGT-CINQUIÈME LEÇON

DROITS DU CITOYEN DANS LA PATRIE

Liberté. — Egalité. — Fraternité.

Si nous avons des devoirs envers la patrie, en retour, celle-ci nous donne des droits ; car, dans un Etat constitué sur la justice, *tout devoir confère un droit*, et *tout droit impose un devoir*.

La devise républicaine : « *Liberté, Egalité, Fraternité* » résume nos droits (*Liberté, Egalité*) tout comme elle résume nos devoirs (*Fraternité*).

I. **Liberté.** — La *liberté morale*, inséparable de la dignité humaine, est un des caractères distinctifs de notre nature. Elle a pour règle la conscience.

La *liberté civile*, c'est-à-dire le droit d'agir comme nous l'entendons, n'existe en France que depuis la révolution de 1789. Cette liberté est, pour chaque personne, limitée par celle des autres.

Aujourd'hui, la *liberté individuelle*, la *liberté du travail*, la *liberté de la pensée*, la *liberté de conscience* ou *religieuse* sont, en France, assurées à tous.

Le citoyen français, avons-nous dit, a le *devoir de voter*. Ce devoir lui donne le droit de s'occuper du gouvernement de son pays. C'est la *liberté politique*.

Cette liberté, considérée dans l'ensemble des citoyens, constitue le droit de *souveraineté nationale*.

La *liberté civile* est la liberté de l'homme dans la société.

La *liberté politique* est la liberté du citoyen dans l'Etat.

Il convient de se rappeler que cette liberté n'est pas la faculté de faire d'une manière absolue tout ce qui plaît. Loin de là.

Puisque tous la possèdent, chacun peut en jouir. Il en résulte que l'exercice de ce droit commun à tous trouve à chaque instant des limites en lui-même. Ce qu'il permet surtout, c'est de pouvoir faire le bien sans réserve. C'est grâce à la liberté que chacun peut travailler plus efficacement au bonheur des autres et au sien propre.

L'*indépendance politique de la France* n'est que la conséquence de la liberté politique de chaque citoyen. Il faut garder avec un soin jaloux cette indépendance. Ce serait un crime de *lèse-patrie* que de se rendre esclaves d'un dictateur quelconque et d'abandonner les destinées du pays aux mains d'un seul homme.

On voit que cette liberté, comme toute liberté d'ailleurs, augmente notre responsabilité. Il faut nous en réjouir : *c'est la responsabilité qui ennoblit l'homme.*

Lire : « La devise nationale : Liberté, Egalité, Fraternité. » (BRUNO, *les Enfants de Marcel*, page 35.)

QUATRE-VINGT-SIXIÈME LEÇON

DROITS DU CITOYEN DANS LA PATRIE (*suite*)

Liberté. — Egalité. — Fraternité.

II. **Egalité.** — Tous les citoyens français sont soumis aux mêmes lois et jugés par les mêmes tribunaux.

Tous peuvent parvenir aux plus hautes fonctions de la société, si, par leur travail, leur conduite, leurs aptitudes, ils s'en montrent dignes.

L'égale répartition de l'impôt prouve l'égalité des contribuables devant la loi; c'est l'*égalité civile*.

Tous ont aussi le droit et le devoir de voter, et, par cela même, de prendre part au gouvernement de la France. Egalement, tous sont éligibles. Cette égalité des citoyens devant le vote est l'*égalité politique*.

Si nous devons payer l'impôt réparti proportionnellement à notre fortune, c'est que nous avons le *droit de posséder* des biens, que nous les ayons acquis soit par héritage, soit par notre travail. Ce droit d'acquérir et de conserver la fortune, d'en disposer librement constitue le *droit de propriété*.

Puisque tous les citoyens doivent, par l'impôt, participer aux dépenses du pays, il s'ensuit que tous ont le droit de *surveiller*, de *contrôler* ces dépenses. Ce droit de contrôle, que nous ne pouvons exercer individuellement, est fait par nos mandataires, députés et sénateurs.

L'*égalité civile* est l'égalité du citoyen devant la loi.

L'*égalité politique* est l'égalité de chaque citoyen dans la direction générale du pays.

Est-ce à dire que nous sommes tous égaux en tout? — Non, certes. Il y a toujours eu des inégalités et il y en aura toujours : inégalités quant à la constitution physique, inégalités de fortune, d'aptitudes, etc.

Si la loi ne reconnaissait pas ces inégalités, elle serait injuste et contraire à la loi morale.

Le *communisme* ferait tomber tout le monde dans la misère, ce qui serait une triste égalité.

Lire : « Les droits du citoyen. » (BRUNO, *les Enfants de Marcel*, page 50.)

QUATRE-VINGT-SEPTIÈME LEÇON

DROITS DU CITOYEN DANS LA PATRIE (*fin*)

Liberté. — Egalité. — Fraternité.

III. **Fraternité.** — La fraternité doit exister dans la patrie comme dans la famille. C'est le désintéressement et le dévouement pratiqués par chaque citoyen à l'égard de tous les autres.

La *liberté* et l'*égalité* proclament nos droits civils et politiques; la *fraternité* nous rappelle surtout nos devoirs.

Puisque nous sommes tous les enfants d'une mère commune, la Patrie, nous devons nous regarder comme des *frères*.

Ce sentiment de fraternité fait la force des peuples.

« *Toute nation divisée contre elle-même périra.* »

Il doit unir, sans distinction, tous les concitoyens, riches et pauvres. Les uns se rappelleront que leurs biens, dont la jouissance leur est garantie par la société, les obligent plus étroitement à la *fraternité en action;* les autres, les moins favorisés de la fortune, ne laisseront point l'envie, la jalousie prendre prise sur leur cœur. Tous doivent s'aimer.

La fraternité consacre aussi des droits. Puisque nous devons donner même notre vie pour la défense de la patrie et de nos frères, n'avons-nous pas droit à l'aide de nos concitoyens et aux bienfaits de la patrie ?

La fraternité est aussi le droit de dire bien haut : « Nous sommes Français. »

C'est le droit d'être fier de notre pays et des hommes, — nos frères, — qui l'ont illustré. C'est le droit de saluer avec enthousiasme notre drapeau, laissant voir dans ses plis les trois grands mots de la devise républicaine : *Liberté*, *Egalité*, *Fraternité*.

Lire : « Les obligations du citoyen. » (BRUNO, *les Enfants de Marcel*, page 68.)

QUATRE-VINGT-HUITIÈME LEÇON

Corrélation des devoirs et des droits du citoyen.

Devoirs :	Droits :
	1° INSTRUCTION :
De s'instruire.	De choisir le mode d'instruction qui lui plaît. D'être reçu dans toute école élémentaire publique.

Corrélation des devoirs et des droits du citoyen.

(*Suite.*)

Devoirs :	Droits :
2° Impôt :	
De payer l'impôt.	Liberté civile. Egalité civile. Droit de propriété. Droit de contrôler l'emploi de l'impôt. Droit de profiter des avantages que procure l'impôt.
3° Vote :	
De voter : librement ; selon sa conscience ; d'une manière éclairée et désintéressée.	Liberté politique. Egalité politique. Droit d'exprimer et de faire prévaloir, par le vote, son avis sur le gouvernement du pays. Pour l'ensemble des citoyens, ce droit forme la souveraineté nationale.
4° Service militaire :	
Respect de la hiérarchie.	Que ses subordonnés le respectent. Que ses supérieurs respectent en lui la dignité humaine.
Obéissance aux ordres des supérieurs.	Que ses inférieurs lui obéissent par discipline.
L'amour et le respect du drapeau.	Que tous aiment et respectent le drapeau tricolore.
Défendre sa patrie jusqu'à la mort.	D'être défendu par la force armée.

QUATRE-VINGT-NEUVIÈME LEÇON

RÉSUMÉ DES DEVOIRS DU CITOYEN ENVERS LA PATRIE

La patrie :

- **Est :**
  - 1° Une famille :
    - La terre natale est la mère.
    - Les lois représentent le père.
  - 2° Une société :
    - Avantages matériels (canaux, chemins de fer, etc.).
    - Avantages intellectuels (écoles, collèges, lycées, etc.).
    - Avantages moraux :
      - justice (tribunaux) ;
      - charité (hospices, asiles, orphelinats).
- **Devoirs généraux :**
  - 1° Comme famille :
    - L'aimer comme une mère.
    - Obéir à ses lois : elles sont l'expression de la volonté nationale.
    - Défendre son sol et son indépendance contre l'étranger.
  - 2° Comme société :
    - Solidarité.
    - Fraternité.
- **Nos grands devoirs :**
  - 1° Nous instruire :
    - 1° Par devoir (loi du 28 mars 1882).
    - 2° Par intérêt :
      - particulier ;
      - général.
  - 2° Payer l'impôt :
    - qui est :
      - juste ;
      - nécessaire.
    - qui, en France, est :
      - universel ;
      - obligatoire ;
      - proportionnel.

La patrie (*suite*) :

Nos grands devoirs (*suite*) :

- 3° Voter :
  - librement ;
  - consciencieusement ;
  - d'une manière :
    - éclairée ;
    - désintéressée.
- 4° Faire son service militaire :
  - le plus élevé, le plus méritoire de nos devoirs envers la patrie.
  - Devoirs du soldat :
    - Discipline (confiance absolue en ses chefs).
    - Amour et respect du drapeau.
    - Courage et dévouement.

CHAPITRE VIII

DIEU

QUATRE-VINGT-DIXIÈME LEÇON

DEVOIRS DE L'HOMME ENVERS DIEU

Il est un nom qui a soutenu, consolé et fortifié mille et mille générations d'hommes, un nom devant lequel tous les hommes de tous les temps se sont inclinés. Ce nom, c'est *Dieu*.

Peut-on admettre que tous ces astres qui parcourent l'espace sans se rencontrer jamais, se soient créés tout seuls ou soient l'œuvre du hasard ?

Non seulement Dieu est notre Créateur, non seulement il est l'ordonnateur du *monde matériel*, il est aussi le législateur du *monde moral;* c'est lui qui a mis dans toutes les consciences humaines les sentiments de justice et de charité.

Dieu a créé tout ce qui existe et lui-même n'a été fait par personne. Il est éternel, tout-puissant, juste, bon et infiniment parfait.

C'est l'être suprême, l'auteur du monde, et le père de tous les hommes.

L'existence de Dieu nous est révélée par :

La création du monde ;
L'ordre de l'univers ;
La conscience.

La puissance infinie de Dieu provoque notre adoration. Nous avons recours à lui, comme des enfants à leur père : sa miséricorde nous apparaît sans bornes et nous l'implorons sans cesse ; son inépuisable bonté nous invite à lui demander toutes les choses dont nous avons besoin. Ces aspirations de l'âme vers le Créateur s'appellent la *prière*.

Le *culte* est la pratique de nos devoirs envers Dieu.

Le culte peut être :

Intérieur

Ou *extérieur* : { *privé* / ou *public*.

Tous les hommes ne conçoivent pas Dieu de la même manière ; de là, plusieurs religions :

Chrétiens ;
Juifs ;
Mahométans, etc.

Dans une religion, il peut y avoir plusieurs sectes. Parmi les chrétiens, il y a :

Les *catholiques ;*
Les *protestants ;*
Les *schismatiques.*

Ces différences ont été la cause de conflits et de luttes : guerres de religion au seizième siècle.

Aucune loi n'a le droit de s'occuper de la manière dont chacun pratique le culte qu'il lui plaît ; car la foi n'est rien si elle n'est pas libre, et, quand la foi est sincère, il n'y a aucune violence au monde qui soit en état de la détruire.

Si nous avons le droit de remplir comme nous l'entendons nos devoirs envers l'*auteur du monde*, nous avons aussi le devoir de respecter les croyances des autres, d'être tolérants. La persécution religieuse est un crime odieux, puisqu'elle porte atteinte à ce qu'il y a de plus sacré dans l'homme, la conscience.

Nos devoirs envers Dieu :

> L'*aimer* comme le père de tous les hommes;
> Le *vénérer* comme l'Être parfait, l'auteur du monde;
> Ne jamais *prononcer son nom à la légère;*
> *Pratiquer tous nos devoirs.*

Etre juste, être bon, c'est aimer Dieu.

Remplir son devoir, c'est encore aimer Dieu, c'est lui rendre hommage.

Tous nos devoirs sans exception émanent de Dieu.

Nous remplirons bien mieux nos devoirs si nous songeons qu'ils sont des ordres de Dieu.

En conséquence, le meilleur moyen de *vénérer Dieu*, c'est d'accomplir scrupuleusement notre devoir. La loi morale est la loi de Dieu.

Travailler, c'est prier, car celui qui travaille honnêtement, qui remplit bien sa tâche, est agréable à Dieu.

Lire : « Prière du matin. » (BRUNO, *le Tour de la France*, page 84.)

« L'œil de Dieu, » Lamartine. (LEBAIGUE, *le Livre de l'école*, cours moyen, page 188.)

« Les étoiles, » X. de Maistre. (LEBAIGUE, *le Livre de l'école*, cours supérieur, page 74.)

L'homme est puni ou récompensé :

1° *Par ses semblables :* c'est la *sanction sociale ;*

2° *Par les suites physiques ou morales* que la nature même donne à ses mauvaises ou à ses bonnes actions : c'est la *sanction naturelle ;*

3° *Par la satisfaction intime* ou *par le remords :* c'est la *sanction de la conscience.*

Ces trois sanctions terrestres paraissent insuffisantes ; d'où la foi en une dernière sanction, absolument juste, qui ne peut se réaliser que dans une autre vie.

DEVOIRS DE L'HOMME (*Résumé*).

- Devoirs de l'homme :
  - 1° Envers lui-même :
    - 1° Envers le corps :
      - 1° Propreté :
        - Lavages réguliers,
        - Aérage des pièces habitées.
      - 2° Exercices physiques.
      - 3° Tempérance :
        - Pas trop boire,
        - Excès de boisson :
          - rend l'homme semblable à un fou ;
          - est une honte pour la dignité humaine.
        - L'ivrogne :
          - ne respecte pas en lui la dignité humaine ;
          - est méprisé de ses semblables.
      - 4° Sobriété :
        - Pas trop manger,
        - Excès de nourriture :
          - alourdit le corps ;
          - rend l'esprit paresseux.
      - 5° Pas d'excès.
    - 2° Envers l'âme :
      - Développer les facultés de l'âme :
        - la sensibilité,
        - l'intelligence,
        - la volonté.
      - Il doit être :
        - franc,
        - modeste,
        - patient,
        - courageux.
      - Devoirs relatifs aux biens extérieurs :
        - Travail,
        - économie : ni prodigalité, ni avarice.
        - ne pas faire de dettes,
        - éviter le jeu.

- Devoirs de l'homme (*fin*) :
  - 2° Envers les autres hommes :
    - 1° Justice :
      - Respect de la vie de ses semblables,
      - — de leur liberté,
      - — de leurs biens,
      - — de leur honneur et de leur réputation.
      - — de la parole donnée.
    - 2° Charité :
      - bienfaisance,
      - clémence,
      - générosité.
  - 3° Envers les animaux :
    - les traiter avec douceur, par
      - devoir,
      - intérêt.
    - Ne pas les faire souffrir inutilement.
  - 4° Envers la patrie :
    - 1° S'instruire, par
      - devoir,
      - intérêt.
    - 2° Payer l'impôt,
    - 3° Voter,
    - 4° Faire son service militaire.
  - 5° Envers Dieu :
    - L'aimer,
    - Le vénérer,
    - Ne pas prononcer son nom à la légère,
    - Pratiquer tous ses devoirs.

TABLE DES MATIÈRES

CHAPITRE III. — Devoirs de l'enfant.

II° A L'ÉCOLE

III° DANS LA RUE

CHAPITRE IV. — La société.

CHAPITRE V. — Devoirs de l'homme.

CHAPITRE VI. — Devoirs envers les animaux.

CHAPITRE VII. — La Patrie.

CHAPITRE VIII. — Dieu.

SAINT-CLOUD. — IMPRIMERIE DELIN FRÈRES.

www.ingramcontent.com/pod-product-compliance
Ingram Content Group UK Ltd.
Pitfield, Milton Keynes, MK11 3LW, UK
UKHW031845260826
14628UKWH00002B/604

9 782019 126759